願いがかなう
クイック自己催眠

Instant Self-Hypnosis
Forbes Robbins Blair

フォーブズ・R・ブレア
大田直子訳

KKベストセラーズ

contents

願いがかなうクイック自己催眠

Instant Self-Hypnosis

PART 2 クイック自己催眠の暗示文

contents

PART 3 もっと自己催眠を知るために

Instant Self-Hypnosis
by Forbes Robbins Blair

はじめに◇クイック自己催眠で望みどおりの人生を送る

あなたは、催眠のおかげで目標を達成できた人の話を聞いたことがあるでしょうか。それとも、自分も人生をよくしたくて、催眠を使う方法のことを考えたことがあるでしょうか。

ほっそり引き締まった体になるために、あるいは、タバコをきっぱりやめるために、催眠療法にかかりたいと思った人もいるかもしれません。

生活していてストレスを感じている人もいるでしょう。その緊張感を取り払ってもっとリラックスした気持ちになるために、催眠状態になりたくはないですか？

催眠によって精神力を高めたい人もいるかもしれません。修行僧のように集中と専心ができたら、人生がどう変わるだろうかと想像したことはありませんか？　もっと鋭い記憶力が欲しいですか？　今度のテストがうまくいくように？　それとも会った人の名前を忘れないために？

夫や妻にもっと優しく接するのに、あるいはちゃんとした性生活を送るのに、催眠が役に立つだろうかと思ったことはありませんか？

いいニュースがあります。この本を手にしたあなたは、プロの催眠療法士のところに行く必要はありません。そこに座って読めばいいだけ！　本書の「クイック自己催眠」なら、本を持ったままで自分に催眠をかけて、ほとんどどんな目標でも達成することができるのです。この本を読めばそれができます！

もっとびっくりすることがあります。あなたは目を開けたまま、自分に催眠をかけられるようになるのです！　ほかの形の催眠と違って、クイック自己催眠では手順の始めから終わりまでずっと、目を閉じる必要がありません。

なによりいいのは、クイック自己催眠がとても使いやすいことです。初めてでもうまくいくでしょう。とても効率的な方法なので、わずか一五分で一つの目標に応用できます。

クイック自己催眠を、催眠や自己催眠に関するほかの本やオーディオ・プログラムと混同しないでください。あなたがこれまでに読んだり、聞いたり、試したりしてきたものとは違います。従来の自己催眠法と比べて明らかなメリットがある、並はずれたテクニックをお教えする革命的な本なのです。

ユーザーフレンドリーなこの本は、実際にあなたの人生を変えることができます。わずか数分のうちに、この本の効き目を実感できるでしょう……もしこのまま読み続ければ。

さあ、自己改善の革命的発見——クイック自己催眠を学びましょう。

なぜクイック自己催眠は画期的なのか

一九九七年、私はちょっと変わった催眠誘導法を発見しました。催眠と自己改善にまつわる画期的な発見です。それ以来ずっと、プロの催眠療法士としてその手法を教え、試し、磨き上げてきました。それが「クイック自己催眠」です。催眠状態に入る手段として、催眠用の暗示文を読んだり、書いたりするのです。

この催眠法は、悪い習慣を断ち切る、自信をつける、目標を達成する、その他さまざまなセラピーに使うことができます。失敗はありえないこのテクニックには、催眠の経験も知識もいっさい必要ありません。おまけにあまりにも簡単で、これまで誰も思いつかなかったのが不思議なくらいです。

クイック自己催眠はほかのどんな手法よりも効き目があって簡単です。私がクイック自己催眠を〝発明〝ではなく〝発見〟と呼ぶのは、この手法がおそらく、催眠が生まれたときからずっとあったのに、「当たり前すぎて気づかれなかった」ものだからなのです。私がしたことといえば、その潜在的な重要性に気づいて、理解力のある人なら誰でも使いこなせるように練り上げただけです。

この本はふつうの自己改善の本とどこが違うのでしょうか？　この本は、たいていの能力開発のハウツー本にはできないことをします。ほとんどのハウツー本の著者は、本を読み終わったあとに従うべきアドバイスやステップを示します。読者は本を置いて初めて、そのアドバイスを実践し始めることができるのです。しかし本書の場合は時間差がありません。

この本は脇に置かなくても、効果を十二分に発揮します。あなたが読んでいる間に、あなたを変えてしまおうという本なのです。この革新的な自己改善法には、覚えなくてはならない金言はありませんし、練習しなくてはならない技術もありません。まねするべき〝完璧な人たち〟の特徴も足跡もありません。この本とそこに書かれているテクニックには、必要なものがすべてそろっています。すぐに役立ち、結果は自然に現れます。

この本は、自分を前向きに変えたいと思う、すべての人におすすめです。催眠やセルフヘルプ法の経験がない人にとって、クイック自己催眠は生活の質を高めるための手っ取り早い、楽な手段なのです。

向上心のある読者なら、クイック自己催眠は今まで試してきたほかのテクニックに代わる有益な手法であることがわかるでしょう。プロの催眠療法士や心理学者は、その圧倒的な簡単さに興味をそそられるでしょう。その作用の原理は、催眠療法、心理学、精神神経学、免疫学の分野と密接に関係し、さまざまな応用が考えられます。

何も知らなくてＯＫ！

　催眠について何一つ知らなくても、クイック自己催眠の効力を引き出すことが誰にでもできます。しかしどんな試みを始めるにも、基本的な知識を頭に入れておくに越したことはありません。本書のＰＡＲＴ１では、潜在意識の力とその催眠との関係について、知っておく必要のあることをお話しします。ほかにも次のことを説明します。

・催眠と自己催眠とは何か。あなたは催眠状態になれるのか。
・催眠について一部の人々が抱いている誤解といわれのない恐怖。本当は催眠がどれだけ安全なものか。
・催眠や従来の自己催眠がどういうふうに作用するのか。従来の手法の問題点。
・私が発見したこと。それは何なのか、どう作用するのか、どうして従来の手法にひそむやっかいな落とし穴を避けられるのか。
・効果的な催眠入門。その効果と簡単さを実際に体験。

　ＰＡＲＴ２では、プロが作成した催眠用暗示文を使って、この手法を一般的な催眠目標に活用する方法をお教えします。

　ＰＡＲＴ３では、あなたの自己改善目標がどんなにユニークなものでも、ほぼあらゆる目標に合うようにカスタマイズできる、もう一つのクイック自己催眠をお教えします。私は数年にわたって、「目を開けたままの自己催眠法」という講座で、このカスタマイズのプロセスを教えてきましたが、生徒たちは楽にマスターできています。

　最後に仕上げとして、クイック自己催眠を確実に成功させるための重要なヒントをいくつか挙げておきました。また、このテクニックと適切な応用法について、よくある質問とその答えを示しました。

この本はざっくばらんな会話調で書かれています。美辞麗句で読者の気を引こうとも、時として難しすぎる専門用語でうならせようともしていません。それに私は、「あの億万長者は私の手法からどんな利益を得たか」といった話で、読者の時間を無駄にしたくありません。そんな話は退屈千万！　私と同類の人なら、できるだけ早くためになるものを手に入れたいはずです。だから、クイック自己催眠の効き目をすぐに――できるだけ早く――引き出すために、本当に知っておく必要があることだけをお話しします。

PART

1 自己催眠とは何か

Instant Self-Hypnosis

1章 すべてはあなたの心しだい

本章では、心がもつ顕在意識と潜在意識の機能と関係を説明します。思考や行動というのは、たとえきちんと計画を立てても、なかなか変えられない場合があります。その理由についてもお話ししようと思います。なぜ催眠が自分を変えるのにとても有効なツールなのか、おわかりいただけるでしょう。

一人の人間に二つの心

好ましくない行動や態度を変えるのがどうしてそんなに難しいのか、考えたことはありますか？　たとえばタバコをやめるとか、ドーナツに手を出さないとか、もっと肩の力を抜いて人生を楽しむとか、そういうことを断固決意できないのは、なぜなのでしょう？　答えは簡単。「よし、変えるぞ」と言うあなたと、「冗談じゃない。変えるもんか！」と言い張っているあなたがいるからです。まるで一人の人間に二つの心があって、変えるべきか変えざるべきかで争っているようです。

あなたの心には、少なくとも二つの異なる面があります。ここではそれを、顕在意識と潜在意識と呼びます。

顕在意識とは、客観的な心とも呼ばれるもので、あなたが今気づいている範囲の意識です。それは今この本を読もうと決めたあなたです。朝食に何を食べるか、誰に電話をするか、仕事が終わったらどこへ行くか、それを決めるあなたなのです。

一方の潜在意識は、自覚がおよばないところで働いている心であり、今このページに書いてある記号を解読しているあなたです。あなたはその記号を小さいころに苦心して学習し、今では無意識のうちに文字による言語として認知しているのです。

潜在意識は体の機能も運営しています。どれくらいの速さで心臓を鼓動させるか、どうやって朝食を消化するかなど、あなたがあまり意識して考えたことがないようなたくさんの仕事について、正確に知っているのです。潜在意識が心得ている仕事のなかには、体の機能のように生まれつき備わっているものもあれば、読書のように顕在意識に教え込まれるものもあります。潜在意識はあらゆる記憶にアクセスできます。あらゆる価値観や信念をそのまましまっておいて、よく使われる行動パターンを効率よく呼び戻すのです。

あなたは気づいていなくても、実は顕在意識と潜在意識は連絡を取り合っています。たとえば、顕在意識は潜在意識に、腕と手の筋肉を使って本のページをめくりたいというメッセージを送ります。潜在意識は長い間、その仕事に必要な筋肉とその動かし方、調整の方法を正確に学んできたので、スムーズにさっと対応します。

潜在意識は顕在意識に逆らいませんが、突然の変化には抵抗するので、逆らっているように思える場合もあります。とくに、長年続いてきた行動、信念、または態度を変えようとすると、そういうことが起こります。その主な原因はあなたの「心のプログラム」なのです。

心のプログラム

コンピュータプログラマの間には昔から「GIGO（ガーベッジ・イン、ガーベッジ・アウト）」という警句があります。コンピュータに間違ったデータを入力すれば、出力も正しくないことが予想できる、という意味です。

心も、非常に複雑なコンピュータに似ています。思考のパターンや一連の行動は、コンピュータにインストールされたプログラムのようなものです。なかにはあなたがインストールしたものもあります。たとえば、生まれて初めてチョコレートを食べたとき、その味と舌触りが気に入って、その後しょっちゅう食べるようになり、今日までに習慣的にチョコレートを食べるパターンができた場合です。

両親や先生からインストールされたプログラムもあります。たとえば、彼らにクラシックやネオクラシックの芸術をすすめられたり、体験させられたりしたため、大人になってクラシックの芸術作品を鑑賞したり収集したりしているという場合です。

同様に、子供のころからの仲間が心のプログラムの一因になっているかもしれません。たとえば友達にタバコを吸おうと誘われた場合がそうです。あなたにとっては不快で、ちっとも楽しくありませんでした。しかし、しばらくすると、息抜きになるからと受け入れる気になってきます。そして三〇年後、あなたはまだタバコを吸っていて、無意識のうちに喫煙という行動を解放感と結びつけています。そのプログラムが心に刻みこまれて、ストレスを感じるたびに作動し喫煙をさせるのです。

コンピュータのプログラムが適切なコマンドで作動するのと同じように、心のプログラムも、ある一定の思考、言葉、または出来事によって作動することが、潜在意識のなかで準備して待っているのです。これが学習というものの本質であり、ふつうはあなたに有利に働きます。

しかし自分はもう、ある一連の考えや行動をしたくない、または必要としないと思う場合もあるでしょう。ひょっとすると、ずっと昔に心に入力したプログラムを取り除きたいのでは？　気に入ったプログラム、つまり新しい態度や行動を追加したいと率直に思っているのでは？　それなら、あなたは心のプログラムを変えたいのです。

心のプログラムを変える

コンピュータのプログラムの変更やインストール、アンインストールは比較的簡単なことです。ところが、心のプログラムを変えるのは、それほど簡単ではありません。実は、うまくいったらもうけものなのです。

心には、内蔵のセキュリティ・システム（安全装置）のように働くフィルター、つまりプロテクターが付いています。このフィルターは新しい考えや行動をふるいにかけて、自分が本当に言いたいこと、やりたいことを確認します。新しい考えや情報をこれまでの知識や信念と比べて検討するのです。古いプログラム、つまり古い考えややり方と一致しない突然の変化は、なかなか受け入れられません。

潜在意識そのものは本来えこひいきをしないものなのですが、このフィルタリングがあるので、あなたの信念や性格、現実に対する認識の一貫性は保たれます。心のフィルターを通ることを許された考えやアドバイスだけが、本物として受け入れられるのです。セキュリティ・システムのおかげで、くるくる心変わりすることもなければ、アドバイスをなんでもかんでも聞き入れることもありません。このシステムがなかったら、あなたは混乱してしまうでしょう。たとえば、毎日目にする何百何千という広告を心がふるいにかけなかったら、どれだけ混沌とした状態になるか想像してみてください。

けれども生活のなかの何かを変えたいと思ったとき、これがやっかいものになる恐れは確かにあります。心のセキュリティ・システムはしばしば、自分のためを思っての変革のアイデアや、自分自身が意識的に考えた提案でさえもはねつけます。たとえよいアイデアであっても、心のプログラムの一部に組み込まれることを、つまり日常生活の一部になるのをセキュリティ・システムが邪魔するのです。新しいアイデアをすべて、これまでに受け入れてきた信念や経験の解釈に基づいて評価（フィルタリング）するので、そういうことになるわけです。たとえば、多くの喫煙者が禁煙をつらいと感じるのは、禁煙は難しいという考えをすでに受け入れているからです。この考えが努力や意志の力をひそかに妨害するのです。

心のセキュリティ・システムへの対処法はいくつかありますが、うまいやり方もあれば、そうでないものもあります。たとえば、無意識のうちに新しい行動をするようになるまで、純粋に意志の力だけで繰り返す人がいます。この方法にはたいてい、挫折やフラストレーションがつきまといます。けれどもこういう鉄の意志の持ち主は、不屈の精神で自分自身を変えることに成功することがあります。一つの行動を何度も何度も繰り返すことで、心のセキュリティ・システムを解除することができるからです。結局は心の内面が新しいやり方を受け入れて、新しい習慣のパターンができ上がります。

前向きで肯定的な言葉を繰り返すことで、望ましい変化を起こすことは可能です。それをアファメーション（肯定的宣言）といいます。何日も、何週間も、あるいは何カ月も続けるうちに、心は飽和点に達します。だんだんにその宣言を本当のものとして受け入れるようになり、ねらっていた結果につながります。けれども結果がなかなか出ないことも多く、疑いやフラストレーションが生じることもしばしばです。

自分の心に新しい意見や行動を受け入れるよう強制するだけの鉄の意志もなければ、毎日効果的にアファメーションを行うのに必要な忍耐力や信念もない人はたくさんいます。でもありがたいことに、もっと楽に心のセキュリティ・システムに対処できる方法があるのです。

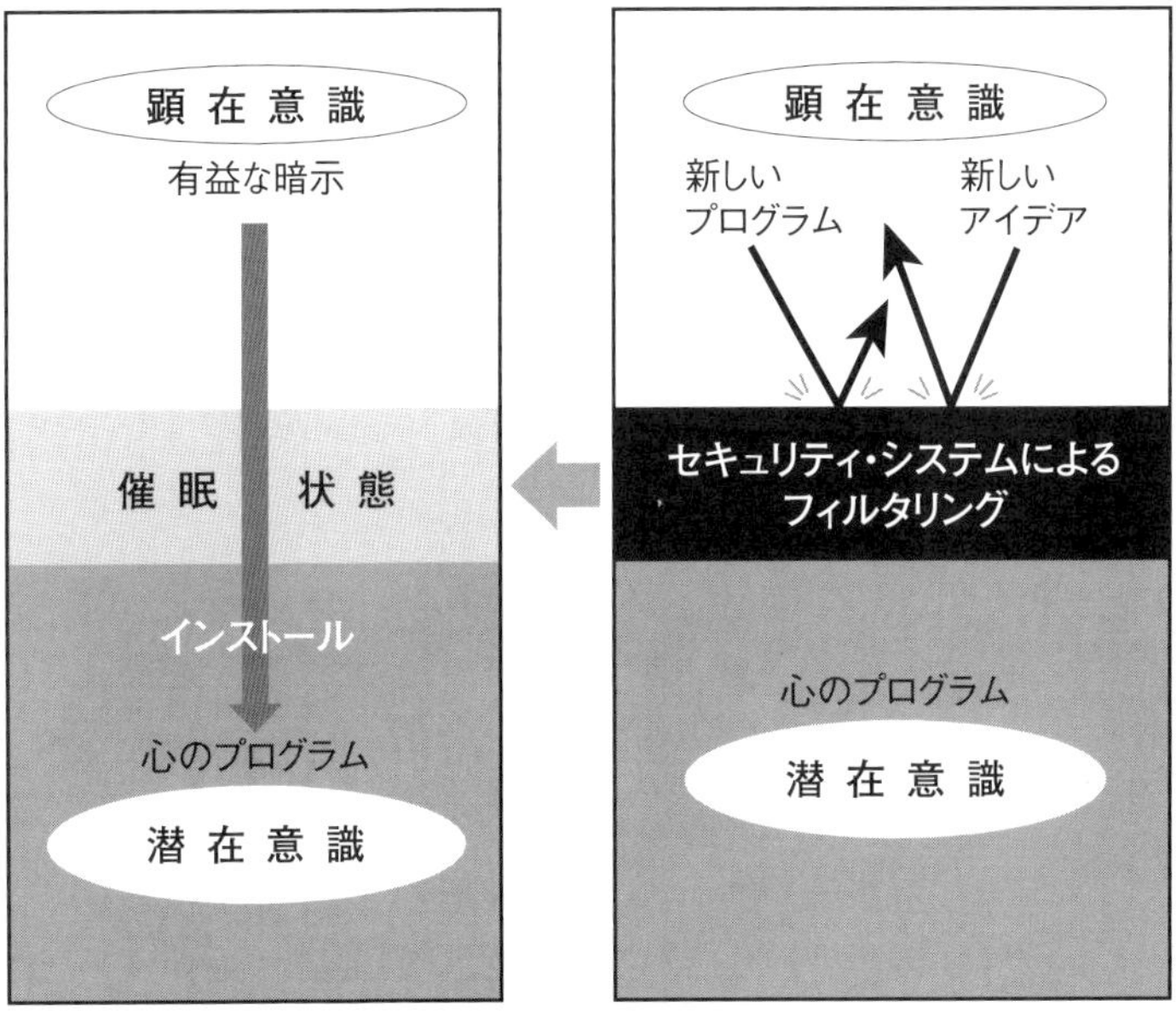

催眠でセキュリティ・システムを解除する

催眠は心のプログラムの変更に役立ちます。催眠は、あなたが心の内面と直接コミュニケーションをとれるだけの時間、心のセキュリティ・システムを解除するのです。セキュリティ・システムさえスタンバイ・モードになれば、心はすぐに、あなたが心の内側に吸収させたい考え――タバコをやめることでも、新しいダイエットを忠実に守ることでも――を、文字どおりの意味で受け入れるようになります。

暗示は新しいプログラムのようなもので、催眠を利用すれば、セキュリティ・システムに邪魔されることなく、そのプログラムをインストールできるのです。先ほど挙げた方法よりも、楽にさっさと変更ができます。何かを変えるには、催眠が最強絶好のツールなのです。

ドアマン（または用心棒）の脇をすり抜ける

コンピュータのたとえがよくわからない人のために、催眠と心のセキュリティ・システムの話を、会員制のナイトクラブに置き換えてみましょう。決まったタイプの人しか入れず、ほかの人たちは追い返されるような人気の高いナイトクラブに入ろうと思ったら、その判定を下すドアマン（または用心棒）をなんとかしなければなりません。

ドアマンはたいてい筋肉隆々の大男で威嚇的です。あなたの心にもそういうドアマン、いわゆる門番がいると考えられます。ナイトクラブは潜在意識――とても重要なことが起こっている場所、あなたが入りたい場所です。そしてクラブの中に入ろうと、強面のドアマンに近づいたときに起こることは、長年続いてきた行動や態度を変えようとするときに起こることに、とてもよく似ています。ドアマンはあなたをジロジロ見て、そのクラブにふさわしい人間かどうかを判断します。すでに店内にいる人はどんな人か、そのクラブはどういう種類のクラブか、そして経営者に何を言われているかを基準に判断します。それと同じように、変化や改善を目指す新しい考えが心の内面のドアマンに近づくと、それまでに確立された考えや行動に「適合する」かどうかを判定するための比較検討が行われます。その基準に合わなければ却下。ドアマンはあなたを追い払うのです。

ドアマンをなんとかする方法はいくつかあります。ケンカをふっかけることもできますが、あなたがよほど体格がよくて強くなければ、クラブではなく緊急救命室に運ばれることになるでしょう。これは先に挙げた、自分の心に新しい行動を受け入れるよう強制する人たちのやり方です。この方法を使ってもかまいませんが、相手はひるんでしまいそうな大男ですし、それに、たとえ成功しても多少はケガをするでしょう。

長い時間ドアのところに居座って、クラブに入れるようドアマンにしつこく迫る方法もあります。これは、心の内面を変化させるためにアファメーションをするのに似ています。いつかは成功するかもしれませんが、もちろん保証はありません。

催眠が果たす役割

ドアマンをなんとかする方法はほかにもあります。美しい女性になまめかしい声でドアマンの耳元でささやいてもらって、彼の注意をドアからそらし、その間にあなたが脇をすり抜けるというものです。催眠が果たす役割は、これとよく似たことなのです。催眠があなたの心のドアマンをなだめ、安心させ、その注意をそらすので、あなたは中に入って何かを変え、そしてまた出てくることができます。催眠を使えば、門番に力ずくで挑んだり、うるさくつきまとったりする必要はありません。そのプロセスはスムーズで穏やかです。

ここで重要なのは、このトリックは毎回うまくいくという点です。ドアマンはいつでも甘い言葉にだまされ、上の空になってくれます。それどころか、その経験をとても楽しいと感じて、またの機会を心待ちにするようになるかもしれません。それと同じように、催眠はとても心地よいので、やるたびにどんどん楽になっていきます。あなたの心はエンジョイし、楽しみに待つようになるでしょう。

まとめ

すべてはあなたの心しだい

- 心がもつ潜在意識の側面は、あなたの生活、記憶、そして行動にとって非常に重要。
- 心にはセキュリティ・システムがあるので、ために なる変化を起こそうとしても、潜在意識にアクセスするのは難しい。
- 催眠によってそのシステムを解除し、自分が望むとおりに体や心や行動を変えるよう、潜在意識に指示することができる。

2章 催眠とは何か

本章では、「催眠」という言葉の由来を説明します。そして何と呼ばれようと、この手法がこれから先ずっと自己改善に用いられる理由をお話しします。催眠とは何かだけでなく、何で**ない**かも探ります。さらに、あなたが催眠状態になれるかどうかもお教えしましょう。そして昔から行われている催眠や自己催眠の方法と、その問題点を考察します。

■公認の治療法

催眠の歴史は長く、この現象は治療法の一つとして使われてきました。「催眠」というのは、一九世紀にジェイムズ・ブレイド博士という人が考えた言葉です。それ以来、臨床催眠療法の分野は発展を続けています。一九五〇年代後半、アメリカ医師会は大学の医学部で催眠の指導を行うことを認可しました。そして現在、催眠は臨床医によって治療術の分野の重要なテーマとされています。

催眠と自己催眠は、人が成長して自分を変えるための安全で頼りになる道具です。実生活のほとんどどんな場にも応用できます。詳しいことはあとで説明しますが、ほとんどの人が催眠状態になれます。

催眠は人の体、心、感情、そして精神の助けになるうえ、簡単に身につけて利用できます。催眠を応用するのに、凝った装置はまったく必要ありません。いったん基本的な原則と技術を理解すれば、手軽に自己催眠を応用できるのです。

自己催眠も費用のかからない自己治療法の一つで、だいたいどんな治療目的にも利用できます。医療費値上がりの昨今、これはとくにありがたいことです。催眠療法は薬物治療と違って、マイナスの副作用がない安全で心地よい方法です。これだけメリットがあるのですから、催眠はこれから先ずっと広く活用されるに違いありません。

催眠についての誤解

この分野に対して、なんとなく怪しいと思っている人や、絶対に信じないという人は大勢います。その原因は主にメディアが発する誤った情報なのです。舞台やテレビ、映画によって広まった脚色された催眠を無視できる人がいるでしょうか。催眠とは何か――その本質と目的についての誤った考えはごまんとあります。そういう考えを正さないと、恐怖心や間違った期待が生まれかねません。

この点をわかりやすく説明しましょう。ある日テレビのインタビューを受けたあと、私はその番組のプロデューサーと催眠について話をしました。彼女はにやにや笑いながら聞いてきました。

「催眠で本当に禁煙や減量ができるのなら、なぜあなたがた催眠術師はみなさん億万長者ではないんですか？」

私は直観的に、その質問に怒りを感じました。なんだかんだいって要するに彼女は、私がこの職業を選んだのは正しかったのかと疑問を投げかけていたのです。この質問はフェアではありません。なぜ医者はみな豪邸に住んでいないのか、なぜランナーはみな金メダルを取らないのか、と質問するようなものです。

しかし私は守りを固めるよりむしろ、彼女の質問の方向を変えて、こう答えました。

「いちばんの理由は、催眠を怖いものと思っていて、そのために催眠術師に会うのを嫌がる人が多いことです」

しかしその人たちが怖いと思うのは、誤った情報のせいなのです。

ここで、とくによく耳にする催眠についての誤解を取り上げて、それを真実に置き換えましょう。

誤解その1　催眠はマインド・コントロールである

催眠状態の間ずっと、あなたは完全に自分をコントロールしています。暗示を受け入れるも拒否するも、あなたしだい。催眠はあなたをロボットや自動人形のようなものに変えるわけではありません。自分の意志を催眠術師に明け渡すという考えはナンセンスです。それどころか、効果的な催眠にはあなたの意志の力が必要不可欠なのです。

誤解その2　催眠は睡眠である

催眠状態の間ずっと、あなたははっきりと目を覚ましています。従来の催眠では被験者が目を閉じ、体をほとんど動かさないため、まるで眠っているかのように見えたかもしれません。セッション中にたまたま眠りに落ちてしまう被験者がいるのは確かですが、そういう場合、その人はもう催眠による暗示を吸収できていませんから、催眠によって得られるものはほとんどなくなります。

催眠が睡眠であるという考えがはびこるのは、催眠術師が「あなたはとても眠くなる」などというふうに「眠る」とか「眠い」という言葉を使うためです。こういう言葉を使っているとき、催眠術師は被験者を眠らせようとしているのではなく、眠りに入る前の深いリラクセーションを想像させているのです。

誤解その3　催眠は記憶を喪失させる

十分な知識のない人は、催眠から覚めたらセッション中に起こったことは覚えていないと信じさせられてきました。そういうこともありえますが、非常にまれです。ほとんどの人は、催眠中に言われたことをすべて完全に覚えています。

この誤解がはびこるのは、舞台のショーで催眠中に何をしたか覚えていないと主張する参加者がいるからです。そういう主張はたいがい自己防衛のための罪のないウソなのです。ショーの被験者のほとんどは、催眠後に記憶を失っていると考えられるほど深い催眠状態にはなっていません。

舞台催眠術師は、催眠についての誤解が蔓延しているのをいいことに、それを利用して観客を驚かせ、感嘆させているのです。すべてはエンタテインメントのため。そして被験者がステージでの突飛な行動を覚えていないふりをするので、このウソが不滅になるのです。

誤解その4　催眠は超常の行為である

催眠はオカルトや超能力の世界から生まれたものではありません。前にもお話ししたとおり、アメリカ医師会は何十年も前から、催眠は幅広い用途に利用できる治療の道具だと認めています。精神的な目的で催眠が利用されるのは確かですが、催眠にはとくに〝超自然的〟なものがあるわけではなく、気味の悪いところはまったくありません。催眠状態になるプロセスは、自然でリラックスできる体験です。

では催眠とは何か

催眠の定義を催眠療法士一〇〇人にたずねたら、一〇〇以上の答えが返ってくるでしょう。本当のところ、催眠の定義についてコンセンサスはとれていません。たとえば、催眠療法士の世界的なフォーラムに参加するといつも、催眠とは何か、何でないかの議論が交わされます。そこで述べられる定義の多くは、催眠が実際に何であるかよりも、催眠の誘導法を表現したものです。

私は教えるときのために、簡潔で大まかな定義を編み出しました。独創的かどうかは別にして、この定義は催眠という現象の本質をとらえています。

「催眠とは、非常に暗示にかかりやすい、注意が集中した状態である」

この状態に達する方法はいろいろあり、この状態を利用して、一時的、あるいは永続的な効果をもつあらゆる種類の暗示を、心の内面（つまり潜在意識）に刻みつけることができます。催眠は被験者に変化を引き起こすのではなく、変化が非常に伝わりやすい状態をつくり出すのだ、という認識が大切です。

この状態を治療に利用することで、単なる催眠が催眠療法になります。非常に暗示にかかりやすい状態でいる間は、ポジティブな考え、価値観、そしてイメージが被験者の心の内面に刻みつけられて、有益な変化が引き起こされます。舞台催眠術師の暗示がショーの間だけ続くことをねらっているのに対し、臨床催眠療法士の暗示は、実際に催眠が行われたあとも効果が持続するように考えられています。

ところで、催眠状態の被験者に与えられる治療のための暗示は、ふつう二つの形のどちらかをとります。考え、態度、または行動をすぐに変えようとする暗示と、被験者が遅れて反応するように、つまり催眠セッションが終了したあとに効果が現れるように考えられた暗示です。後者の暗示は後催眠暗示と呼ばれます。どちらも効き目のある暗示で、催眠療法ではよく用いられます。

催眠にかかりやすい人とは

催眠術師がいちばんよく受ける質問は「私は催眠状態になれるのでしょうか」というものです。その答えはだいたい「なれます」に決まっています。おもしろいことに、自分はとてもしっかりした心の持ち主だから、催眠にはかからないと固く信じている人がいます。これは、ウェイトリフティングの選手が、自分は筋肉が発達しすぎているから缶詰一つも持ち上げることはできない、と言っているようなものです。

催眠は、たぶん気づかないうちに、あなたもこれまでに何度も経験している作用であり、精神状態でもあります。たとえば、テレビを見たり小説を読んだりしているとき、人は一種の催眠状態になります。

催眠療法士はこれを、軽催眠活動と呼びます。軽催眠活動と催眠療法の違いは、後者には意図的にその状態に入り、実益のためにこの心の筋肉を利用するねらいがある点です。

テレビのプロデューサーはあなたに広告の商品を売ろうとして、意図的にあなたを軽催眠活動に導いているのでしょうか。政治家は心の状態についての知識を利用して、スピーチ中に聴衆を感化することができるのでしょうか。こういう疑問への答えで、もう一冊別の本ができてしまうでしょう。けれども次のことを覚えておいてください。

「催眠状態になる能力は、技能であり才能でもある」

技能は習得して訓練するものです。才能はもって生まれるものです。ありがたいことに、催眠の才能はほとんどすべての人に、ある程度備わっていますから、あなたもきっと催眠状態になれるはずです。

わかりやすく説明しましょう。催眠にかかる技能と才能は、音楽の能力になぞらえられます。ほとんどの人は、たとえ表に出ていなくても、楽器を演奏する才能をある程度もっています。チャンスに恵まれ、練習を積めば上手に演奏できますし、すばらしい音楽家にだってなれます。豊かな才能に恵まれたほんの一握りの人たちは、ほとんど練習しなくても、いきなり優れた能力で聴衆を驚かせます。けれども音楽の才能がゼロで、どんなに練習しても音楽に関する努力は決して報われない音痴の人も、わずかながらいます。

催眠についていえば、あなたにもおそらく大方の人たちと同様、催眠状態になる能力が多少ともあるでしょう。ただし、どれだけうまくその状態になれるかは、関心のレベルと練習量に大きく左右されます。あなたが才能に恵まれた人——あっという間になんの苦もなく、深い催眠状態になれる人である可能性もあります。舞台催眠ショーで、催眠術師が目を光らせて探すタイプです。そういう人はショーのスターになれるでしょう。たいていの人に必要な練習をしなくても深い催眠状態に入っていける人として、伝説に残るでしょう。

一方、生まれながらに催眠にはまったく向かない人もごく一部にいます。繰り返し努力しても、まったく催眠状態になれないのです。精神的・心理的な障害、あるいは何らかの向精神作用性の物質の影響で、催眠状態になれない場合もあります。さいわいなことにそういうケースはまれです。

繰り返しますが、あなたにはおそらく催眠の才能が多少はあるでしょう。そして技能を磨くことで、生来の才能が許す限り深く、長く、催眠状態になれるのです。「どれくらい？」と疑問に思いますか？最も深い催眠状態に下りることができるかもしれませんし、軽催眠状態にしかなれないかもしれません。しかし、**「軽から中程度の催眠状態で、ほとんどの改善目標の達成には十分である」**というのが定説です。

つまり、催眠にまったく反応しないほんの一握りの人以外なら、うまくやりたいという気持ちさえあれば、目標を達成できるだけの催眠状態になれるのです。どれだけ楽に深く催眠にかかるかは、あなたの決意と練習にかかっています。とはいっても、初めての挑戦で成功し、ほんのわずかな間にどんどんうまくなっていく可能性は大いにあるのです。

従来の催眠療法

セラピストが患者に催眠をかける方法はいろいろありますが、セッションの形式はだいたい似ていて、一般的に四つのステップがあります。

ステップ1　リラクセーション

セッションはまず催眠のための準備として、何らかの形で体と心をリラックスさせることから始まります。最も一般的なテクニックは漸進（ぜんしん）リラクセーションです。これは一カ所の筋肉へ一度に注意を集中させてそこをリラックスさせ、最終的に全身を落ち着かせる方法です。これだけでもふつう軽い催眠状態を引き起こします。体がリラックスすると意識も自然にリラックスするので、暗示を受け入れやすくなるのです。

■ステップ2　催眠誘導

リラクセーションに続く次のステップは催眠誘導です。誘導の目的は、その人をなるべく深い催眠状態にすることです。誘導法はいろいろあり、単調な体の動きを取り入れるものもあります。よく知られている振り子法もその一例で、ぴかぴか光るものを凝視させる手法です。これも効果はありますが、もう一つの一般的な誘導法は、セラピストが被験者に対して、自分が話すゆったりとしたシーンを心に描くよう指示するだけの手法です。

すべての誘導法に共通する点が一つあります。どの誘導法も、心の「鑑定係」の矛先を変える、そらす、あるいは一時的に止めることを考えているのです。「鑑定係」というのは、第1章でお話ししたセキュリティ・システムのことで、潜在意識に伝わる情報をフィルターにかける働きをします。暗示やアイデアには、この働きによって心の内側に入ることを許されるものもあれば、却下されるものもあります。

催眠誘導は、次に与えられる暗示を潜在意識が進んで受け入れるように、一時的に鑑定係の働きを抑えるのです。ここで注意すべき重要なポイントは、ごくまれな例外を除いて、催眠の被験者は催眠誘導の間ずっと完全に意識があり、セラピストの声をはっきり聞いているという点です。被験者が誘導の間に意識を失うことはありません。それどころか、その間に意識はさらにはっきりしてくるのです。

■ステップ3　催眠暗示

催眠誘導のあと、セラピストは治療のための催眠暗示を与え始めます。暗示は本人がはっきり宣言した目標と一致するもので、潜在意識に対して最大の効果を発揮するような言葉で表現されているのが理想です。「あなたは今、タバコを吸わない人になっています」というような非常に直接的な暗示もあれば、逸話、比喩、イメージなどを取り入れた、それとないアプローチの間接的な暗示もあります。

催眠暗示によって、自分がロボットのように行動したり感じたりするのではないか、自分では何もできない催眠術師のあやつり人形になるのではないか、と心配する人がいます。しかし、どんな催眠暗示にも抵抗することはできます。けれども催眠中に与えられる暗示は、本人を助けるために考えられたものですから、従いたくなるはずなのです。

ステップ4　完全な覚醒状態に戻る

最後に被験者を催眠から「覚醒」させます。これは眠りから目覚めさせるのとは違って、催眠状態からふだんの日常的な意識の状態に戻すだけのことです。催眠から覚醒できないという危険はありません。実際のところ、「覚醒」という言葉が多少混乱を招いているのです。催眠から日常的な意識の状態に「戻す」というほうが正確でしょう。

自己改善のための自己催眠

自己催眠という概念がよくわからないという人もいます。けれども催眠というのは、実は人に仕掛けるものではありません。催眠は一つの作用であって、催眠術師はそれを促しているだけなのです。催眠状態になれるかどうかは、催眠術師の腕より、むしろ催眠をかけられている人によります。

これまでの話でみなさんは、催眠をかけられている間も自分の心の機能に対するコントロールは失わないことがおわかりでしょう。ですから、目が覚めていて意識があるまま催眠状態に入り、暗示を自分自身で自分の心の内側に伝えることができると知っても、きっと驚かないはずです。自己催眠というのは、誰の助けも借りずに催眠状態に入ることをいうのです。誰もがこの技能を磨いて、最大限に活用することができるものなのです。

ふつうの催眠と同じように、自己催眠も才能と技能で成り立っている能力です。自己催眠上達の基本は、素質と知識と訓練です。いったんこの能力を伸ばせば、ありとあらゆる自己改善目標を、もっと早く、楽に達成できるでしょう。

従来の自己催眠の落とし穴

自己催眠の従来の手法の形式はさまざまですが、ふつうは催眠と同じような手順を踏みます。

まず被験者は、前に紹介した漸進リラクセーションのような効果的な方法でリラックスします。リラックスしたら、あらかじめ決めておいた方法で催眠を誘導しますが、このとき視覚的なイメージがよく使われます。

望ましい自己催眠の状態になったら、セッションの暗示の段階に入ります。自分の潜在意識に静かに語りかけ、あらかじめつくっておいた暗示を与えます。この暗示にはさまざまな形――声に出さない言葉の暗示、アファメーション（肯定的宣言）、場面のイメージなど――がありますが、すべて心の内側に望みどおりの指示を伝えるためのものです。首尾よく暗示が与えられたら、覚醒法を用いてふつうの意識に戻ります。

このような従来の自己催眠法には、少なくとも三つの落とし穴があります。その落とし穴にはまると、うまく自分を催眠状態に導くことができません。

第一に、標準的な方法で自分に催眠をかける場合、事前に催眠の手順を勉強し、効果的な暗示のつくり方を理解しなくてはなりません。これは大きな落とし穴です。その理由はおわかりでしょう。忙しい人や忍耐力のない人は、ふつうの自己催眠の本を手にしても、知識やテクニックを応用する前に投げ出してしまうかもしれません。

第二の落とし穴は、準備と暗記が必要だということです。自己催眠のセッションを始める前に必ず、使おうとしているテクニックと暗示文を下調べして暗記しなくてはなりません。最終的に目を閉じることになるからです。暗示文のつくり方とテクニックを習得するのに時間を費やさなくてはならないだけでなく、それを暗記するのにも時間とかなりの労力をつぎ込まなくてはなりません。

最後に、従来の自己催眠法にひそむ最も一般的で、おそらく最もやっかいな落とし穴は、本人が思わず眠ってしまうことです。催眠はリラックスした状態を誘うわけですから、暗記した暗示を心の内側に伝えるときがくる前に、眠ってしまいやすいのです。たとえ、なんとか目は覚ましていても、あまりにリラックスしてしまって、暗記した暗示はおろか、なぜ自己催眠をしたのかさえ忘れてしまうこともよくあります。

まとめ

催眠とは何か

- 催眠は、心が相対的に暗示にかかりやすい状態になる作用である。
- この状態になるための方法はいろいろある。そしてほとんどの人が、たとえ自覚していなくても、日常的に催眠を体験している。
- 催眠状態を利用して、自分を変えるのに役立つ有益な暗示を心の内側に伝えることができる。
- ほとんど誰でも催眠状態になれるが、催眠状態になる能力の基本は才能と技能である。
- 自己催眠を使えばどんな人でも自分で自分の催眠術師になれるが、従来型の自己催眠には落とし穴がいくつかある。

3章 クイック自己催眠の発見

本章を読めばわかるとおり、目を開いたままの「開眼」催眠という概念は、決して新しいものではありません。何が新しいかといえば、催眠暗示文を読んだり書いたりして行う、ユニークな開眼催眠の手法を発見したことです。

私は催眠療法士になりたてのころ、まったく偶然にこの手法を発見しました。実際には、読む手法と書く手法の二つの発見がありました。本章では、私が偶然にも読んでいるうちに自分に催眠をかけた経緯と、それが自己改善の大革命である理由をお話しします。

開眼催眠は一般的

私の驚くべき発見についてお話しする前に、目を開いたまま催眠状態になるというのは、決して目新しい話ではないことを知っておいてください。あなたも生活のなかで、程度の差はあれ、さまざまな形で経験したことがあるのです。

たとえば夜遅く、車で一時間ほどかかる場所に向かって、まっすぐな道路をドライブしたことはありませんか？　ふと気づくと、道路のレーンを区分している白い破線を見つめていませんでしたか？　その線が通り過ぎていくような様子が目に入り、いつのまにか心を奪われていたのです。自然に視線が引きつけられるので、ずっとその線を見ていました。五分しかたっていないように思えたのに、気づいてみれば目的地に到着しています。実際にはまる一時間が過ぎたことがわかってきます。

あなたは文字どおり道路に目を奪われたのです。

道路があなたに催眠をかけたのです。そして時間の感覚が狂うというのは、催眠状態を示す確かな兆候としてよく知られています。

もっとありふれた開眼催眠の例をお話ししましょう。映画を観にいったときは、暗い映画館に入って動く画像を見ます。それは実際には、一連の写真が光りながら目の前を通り過ぎているだけなのです。それでも、いい映画なら物語の筋に引き込まれてしまいます。ホラー映画なら、たとえそれがただの映画で自分は絶対に安全だとわかっていても、心臓がドキドキして純粋に恐怖を感じます。そういうとき何が起こっているのでしょう?　そう、それは一種の催眠なのです。

そしてこれは、催眠に何ができるかをよく表しています。映画館にいるあなたは、感情的にその映画にのめり込みたいと思っているはずです。何かを感じ、体験しようという心構えで、時間とお金をつぎ込みます。そして、多少なりともまともな映画であれば、あなたはスクリーン上のものが実際に起きているかのように考え、感じます。登場人物になりきって、心臓がドキドキし、アドレナリンが体をかけめぐり、興奮したり怒ったりもします。

実は、これこそまさに催眠にできることなのです。まず、催眠が効果を上げるには、あなたの協力が必要です。あなたが催眠にかかりたいと願い、催眠が手助けしてくれるはずの変化や改善を望まなくてはなりません。催眠の概念と療法を信じなくてはなりません。その体験に自分自身の心を開くのです。そうすれば暗示は、なんとなく心に影響をおよぼす気がするだけでなく、体にも、そしてある種の刺激に対する体の反応の仕方にも、変化をもたらします。

たとえば、人前で話すことへの恐怖を克服するために自己催眠をする場合は、人前で話すときにどう反応するかについて、ポジティブな暗示を自分に与えます。心がその催眠暗示を受け入れると、次に人前に出て話をしなくてはならないとき、体が違う反応を示すようになるでしょう。前より穏やかな気持ちでいられるし、手のひらに汗をかくことも、心臓がバクバクすることもありません。

映画館でホラー映画を見ているとき、体がどういうふうにアドレナリンを放出するのかを理解する必要がないのと同じように、心がどうやって体にそういう反応をさせるのか、意識的に理解しているかどうかは関係ありません。それは潜在意識に任せましょう。ただ、自分が何をしてほしいか、特定の状況でどう反応してほしいかを潜在意識に指示して、実際に変化が起きることを期待するのです。

「当たり前すぎて気づかないもの」の発見

私のクイック自己催眠は二種類ありますが、そのうちの一つを発見したのは、文章を声に出して読んでいる間に、たまたま催眠状態に陥ってしまったときのことです。ある晩私は、次の日に患者のために録音することになっていた催眠オーディオ・プログラムのしゃべり方を練習しようと、暗示文を読んでいました。

原稿には、漸進リラクセーション、視覚化をベースにした誘導、治療のための暗示、そして被験者を催眠から目覚めさせる覚醒の文など、従来の催眠法によくある要素がすべて含まれていました。

心を落ち着かせるような穏やかな声で読んでいると、突然、けたたましく電話のベルが鳴り、私の感覚がビクッと緊張しました。もう一度ベルが鳴ったとき、それまで経験したことがないほど、胸騒ぎがする不快な音に聞こえました。どういうわけか、私は感覚過敏の状態になっていたのです。これはプロの催眠療法士がアトモスフェリック・ハイパーアキュイティ（大気への超高感度知覚）と呼ぶ状態で、催眠をかけられた人が、あるレベルの催眠状態に到達したときに起こるものです。

わき上がったいらだちが神経系をかけめぐるのを

感じながら、私は読んでいた暗示文から目を上げました。オフィスを見回すと、部屋が傾いているような妙な感じがします。昔の『バットマン』シリーズで、大悪党の隠れ家がこんなふうに見えていました。微妙ですが、わかるのです。部屋の中の何もかもが、なんだか幻覚か投影のように少し遠くに感じられます。

これもまた、よく知られた催眠の手がかりです。患者と催眠の個人セッションをした直後に、何度も経験したことがあった感覚です。他人に催眠をかけることで生計を立てている人なら誰でも、セッション中に図らずも自分が催眠状態になってしまうことはしょっちゅう（またはいつも！）だと言うでしょう。なぜでしょうか。

このことについて、少し考えてみましょう。催眠セッションが始まると、セラピストはとても穏やかな声とイメージによって患者を深くリラックスさせますが、その間、自分自身の声を聞くことになります。そのあと、患者をまぎれもない催眠状態にするために会話を続けます。患者がどんどんリラックスしていくのを見ているうちに、それがいわゆる「間接暗示」の働きをして、しばしばセラピストのほうがもっとリラックスしていきます。さらに、セッション中に緊張を和らげる催眠用の音楽がかかっている場合、セラピストも患者と同様、確実にそれを聞いています。予想できるとおり、これらの要因すべてがセラピストを患者と一緒に催眠状態へと導くのです！

私は何年も前からこのことに気づいていました。それと似たようなことを、私は自分の催眠暗示文を読んでいたときに体験したのです。そしてそのとき、私は暗示文を声に出して読んでいるうちに、目を開けたまま図らずも自分に催眠をかけたのだと気づきました。

新しい催眠誘導法

この発見は、臨床催眠療法士の私にとって、完璧に理にかなっていました。私は音読していたわけですから、なだめるような調子の自分の声を聞いていました。しかも私が読んでいたのは、とくに催眠をかけるためにつくられた話でした。つまり、自分の催眠用の声が語る、催眠を誘導するために慎重に選ばれた言葉に耳を傾けていたわけです。

それにしても、どうして目を開けたままこの状態になることができたのでしょうか。私が受けてきた催眠の訓練や教育には、この発見が有効な誘導法であることを実証するものはありませんでした。従来の情報源によると、催眠にかかってかなり深いトランス状態になれば、目を開けてもそのままの状態でいることは可能だといわれています。

けれども、暗示文を読んでいるうちに目を開けたまま催眠状態になることについては、本で読んだこともなければ、教授にも教官にも聞いたことがありませんでした。

こんな簡単な催眠誘導法を、催眠の専門家たちがどうして見落としてきたのか、私には不思議でした。あまりにもわかりきったことなので、当たり前すぎて気づかなかったとしか考えられません。

うがった見方をすれば、催眠のプロたちはこの手法に気づいていながら、それがあまりに簡単なので、自分たちが仕事を失うことを恐れたとも考えられます。なんだかんだいって、ほとんどの人がプロ用の催眠暗示文を読むだけで催眠状態になれるのなら、どうして催眠療法士に大金を払うでしょう。どちらの説明ももっともらしく思えます。なぜ今まで誰も言わなかったのか、その理由はともかく、私は自分が驚くべき発見をしたことに気づいたのです。

「催眠暗示文を声に出して読むと、読んだ人は催眠にかかる」

私はそれまでの教育と体験から、映画を観たり小説を読んだりしているときは、必ずといっていいほど催眠のような状態になることを知っていました。そして催眠療法を行っている間、患者と一緒に自分も軽いトランス状態に入ることがよくあって、目を開けたままでもそうなるだろうということを、すでに認識していました。しかし、催眠用の原稿を読むだけで、偶然にも催眠状態になったことはありませんでした。ですから、その状態を利用して心の内面を治療できることも知らなかったのです。

そして実際にそれをやり始めて、この手法がうまくいくことがわかりました。私は自分の自己改善目標のために、この手法を使い始めたのです。減量に応用して、五週間で五キロ落としました。また、ぐずぐず先延ばしにする癖を直すのにも利用しました――まったくの奇跡です。集中力が増して、テニスの腕も上がりました。この手法で収入も増やしました。この本を執筆して完成させるのにも、この手法を使ったのです。成果はすぐに現れましたし、ほとんどの場合、従来の自己催眠より効果大でした。

従来の自己催眠より優れているところ

この発見を自分の自己改善のために実践しているうちに、この手法には従来の自己催眠法より明らかに優れているところがあることに気づきました。

まず、この手法はつねに目を開けたままで実行できるため、自己催眠中に眠ってしまうという落とし穴がなくなります。ですから、自己催眠の最重要ポイントである、治療のための暗示をやり遂げることができます。

目を開けていることで、従来の自己催眠にひそむもう一つの落とし穴――準備の必要性も避けることができます。暗示文はすべて書いてあって、それを声に出して読むのですから、暗記は必要ありません。しかもこの本にあるような既成の暗示文を読む場合、プロがつくった暗示文ですから、初めから終わりまで完璧なセラピーを行うことになります。

そしてまた、この手法なら催眠の手順や催眠暗示についての知識は必要ありません。プロが書いた暗示文を自分で声に出して読むだけで催眠状態に入ることができて、治療のための暗示の効き目を十二分に生かせます。

読み書きと話すことさえできれば、誰でも使える自己催眠法なのです。

これほど実際に目ざましい成果を上げることがわかって、私は大勢の人の役に立つ革新的な自己催眠へのアプローチを発見したと実感しました。

そこで、読み書きができる人なら誰でも利用できるように、できるだけシンプルで時間のかからない楽なものにしようと、実験と改良に取りかかりました。そしてこの手法が、催眠についての知識は不要、すぐに応用できて即座に効き目を表すことから、「クイック自己催眠」と名づけたのです。

まとめ

クイック自己催眠の発見

- プロが催眠のために考案した催眠療法の暗示文や物語を音読することで、目を開けたまま催眠状態になることができる。
- この手法には、従来の自己催眠より明らかに優れたところがあるので、使いやすく、ほとんど失敗することはない。私はこの手法を「クイック自己催眠」と命名した。

4章 クイック自己催眠を体験しよう

本章では、クイック自己催眠を実際に体験していただきます。まず、この手法を用いる理由を知り、それから将来この手法をうまく役立てるための基礎となる実習を行います。それが終われば、あなたはいつでも、具体的な願望や目標のためにクイック自己催眠を応用できるようになるでしょう。

なぜこの手法がうまくいくのか

クイック自己催眠の基本的な手法としては、まず「誘導文」と呼ばれる文章を声に出して読みます。この文は、催眠を誘導して暗示にかかりやすい状態を確立するために考えられたものです。いったんそういう状態になったら、目的に合った「暗示文」を読みます。するとそれがあなたの心の内側に吸収されていきます。暗示文が終わったら「覚醒」を読んで、催眠から抜け出し、日常的な意識に戻ります。

この手法のやり方と原理は、本当にごくシンプルです。誘導文を自分で声に出して読むときは、話の内容にふさわしい落ち着いたトーンの声を使います。あなた（読み手）がプロの催眠術師に期待するような、聞く人の気持ちを落ち着かせるソフトな声色と口調になるようにするのです。

自分の声の響きによって、あなたの心と体は静まっていきます。話の中には数種類の感覚を使うイメージと暗示が盛り込まれているので、あなたは顕在意識と潜在意識の両方でそれを体験し、目を開けたまま催眠状態に誘導されます。自覚しているかどうかに関係なく、あなたの心は原稿に示されているイメージを視覚化せずにはいられません。

それと同時に、物語の一行一行をたどっていくうちに顕在意識は注意をそらされて、鑑定係の働きの一時停止に協力していきます。

話の中には、これからあなたがクイック自己催眠を使うたびに、目を開けたままもっともっと深い催眠状態になるように促す、後催眠暗示も入っています。催眠を誘う声音、ページ上の言葉を目でたどる顕在意識、そして「誘導文」の意図的な内容、これだけそろえば当然、催眠状態が生まれ、あなたはセラピー用の暗示を潜在意識に吸収させることができます。

軽催眠状態は自覚しにくい

ここで大切なのは、クイック自己催眠のセッション中や終了後、催眠状態になったと感じるとは限らないことを知っておくことです。軽い催眠状態はわかりにくいものですが、もっと深い催眠状態とまったく同じくらいの治療効果があります。とはいえ、クイック自己催眠法を定期的に行っていると、何かを感じるときがくる可能性があります。物語の一部を読んでいる間に心が動いたり、セッション中に極度に気持ちが集中したり、非常にリラックスしているように感じたり――あるいはこの三つがすべて起こることもありえます。このような感覚は、前のセッションよりも深いレベルの催眠状態になったことを示しています。あなたの心が、この新しい技能に熟達してきているということなのです。

クイック自己催眠を体験してみよう

さて、いよいよクイック自己催眠を実際に体験していただきましょう。この初めてのセッションでは、42ページと46ページにある「体験用誘導文」を使って催眠状態を体験してみます。まだ自己改善目標は定めません。まずは練習として、心がよりよい体験をするための催眠入門として考えられたものです。「誘導文」から「覚醒」まで、声に出して読んでいきます。全部で一五分くらいですみます。

このセッションで、あなたは目を開けたまま催眠に誘われると同時に、これから先も目を開けたまま、すんなり自己催眠に入るための準備をすることになります。この原稿は、今後クイック自己催眠をうまく行うための基礎になります。ですから全力を注いで集中してやりましょう。

なお、「体験用誘導文」には①と②があります。あなたにとって心地いいほうを選んでください。

準備

1 一人きりになれて、一五分くらい邪魔されることのない、静かな場所を見つけましょう。

2 部屋の照明を落とします。この本が読める程度の明かりは必要ですが、瞑想できる落ち着いた雰囲気になるくらい暗くしてください。

3 静かなインストゥルメンタル音楽をバックに流すといいでしょう。ボリュームは低くしておきます。

4 座り心地のよい椅子かソファに腰かけて、本書（必要な部分だけコピーをとってもいいでしょう）を膝の上か自分の前に置きます。読書するときのように手に持ってもいいですし、テーブルの前に座って、そのテーブルの上に本を置いてもかまいません。

5 始める準備ができたら、「体験用誘導文」を次のガイドラインに従って声に出して読みましょう。

a 聞く人の心が落ち着くような、優しい声音を使います。

b ゆっくり読んで、「……」のところでは必ず少し間をとります。

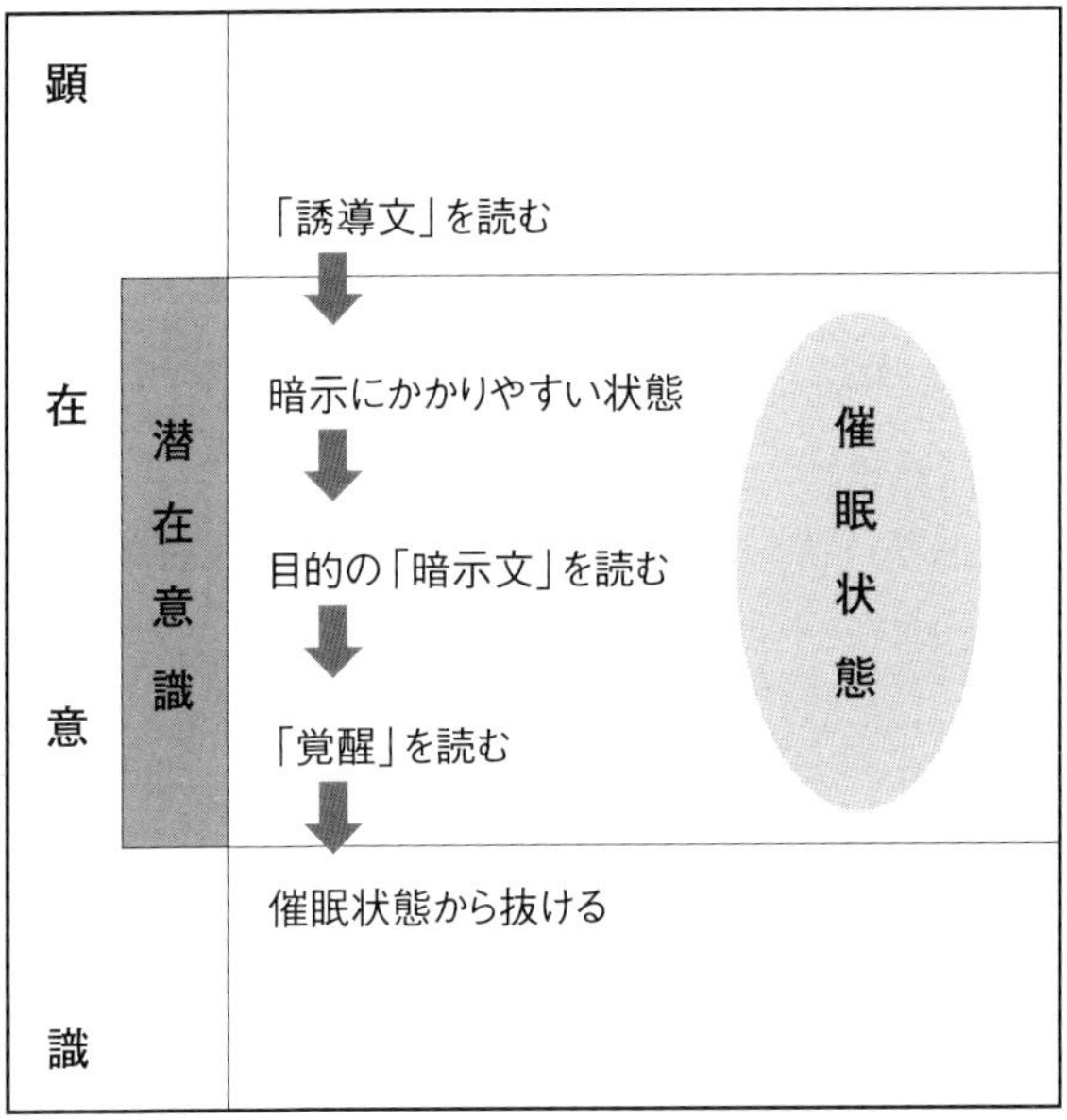

c　太字の語句は強調します。（　）の中の文字を読む必要はありませんが、書かれている指示は必ず守ってください。

d　ただ機械的に言葉を発するのではなく、読んでいる内容について考えましょう。

6　誘導文から「覚醒」まで、一気に読みましょう。

視覚化についての注意

原稿に表現されているイメージを生き生きと視覚化できなくて困る、という人もいます。生き生きとしたイメージが見えなくても、あまり心配しないでください。視覚化はあなたの潜在意識がもっている生来の能力です。努力する必要はありません。だんだんにうまくできるようになってきます。読んでいる内容から連想される気持ちを感じることのほうが大切です。視覚化の部分は潜在意識に任せましょう。

体験用

誘導文①

（声に出して読んでください）

ほかには誰もいない。楽な気持ちになって、ゆっくり静かに声に出し、心と体を自分の声で落ち着かせよう。まるですべてがスローモーションで動いているように、体の動きが**鈍く**なってくる。言葉を読むたびに、口から音を発するたびに、私は**もっとリラックスして**、安らかな気持ちになる。私の心は刻一刻、ひっそりと静まりかえった山の湖の水面のように、**澄みわたって**いく。

心が澄みわたったら、本を読んでいる間**もっと深くリラックスする**ように、想像力を働かせよう。美しい砂浜でゆったりした椅子に座っているところを思い浮かべよう。目の端に、周りの金色に輝く砂が見える……それから打ち寄せる波。その優しくリズミカルな音が聞こえる。

湿った海風が体をそっとなでていく。肌に暖かい太陽の光が注いでいる。その輝きを頭皮に感じて、そこにある余分な緊張が消えていく。すべての思考が**静まっていく**ようだ。こうして太陽の暖かさを顔に感じ、その暖かさに注意を集中していると……頬にも感じる……耳にも感じる……そしてあごの周りにも。

癒(いや)しの光が首をなで、喉(のど)を温めてくれるから、言葉が口から楽にすらすらと流れ出てくる。まるでたくさんの小さな光の指が、リラックスしている私の肩や背中を、マッサージしているみたいだ。温もりと安らぎの波が、滝のように落ちていく……腕へ、そして指先へ。

心の中で、自分の腰と骨盤とお尻をよく見て……そしてそこにある緊張や不安をすべて、一筋の光に優しく洗い流してもらおう。それから今度は脚……太陽の光がなだれ落ちていくので、まばゆいばかりに輝いている。腿(もも)から足首まで、とてもリラックスしているのを感じる。足首から先、指先まで、**温かく**気持ちがいい……こんなに温かくて気持ちがいい。

輝く太陽の光を浴びながら、自分を催眠に誘う準備として、目を閉じるところを想像しよう。ゆっくり三回、深呼吸する（三回深呼吸する）。閉じたまぶたを通して、オレンジ色の輝きがちらっと見える。でも、もうその光は消えて、心地よい暗闇になっていき、私は意識を内側に向ける……内側へ……心の中心へ。

よく知っている近代的な高層ビルに近づいているところを思い浮かべよう。回転ドアを抜けて、立派なロビーに入る。ビルの中では、武器を持った屈強な警備員が、ビルを侵入者から守っている。警備員は冷たい目でこちらを見るけれど、私がビルのオーナーだと気づく。警備員は私のために働いているのだ。私は警備員に向かって満足そうにうなずき、エレベーターに向かう。

エレベーターの扉の表面は鏡のようで、そこに私の姿が映っている。ゆとりがあって堂々としている。下向きの矢印を押すと、エレベーターの扉が開く。**とても安心した気持ちで**、私は広々とした豪華なエレベーターに乗り込む。そして階数を示すボタンが並んだパネルのほうを向く。地下10階まで連れていってくれる10のボタンを押すと、ボタンが点灯してエレベーターの扉が閉まる。長く深いエレベーターシャフトを、エレベーターはなめらかに降りていく……静かに低くブーンという音を立てながら。

私は、扉の上に点灯している数字が変わっていくのを見つめる。それぞれの数字は、その階をエレベーターが通過している、わずかな間だけ点灯する。数字が増えていく……一つ、また一つ……私は自分自身の内側にある、すばらしい場所に下りていくのだ……表面のずっと下へと。

1……私が数字を見ている間にエレベーターは下りていく……数が増えるたびに私は深くリラックスしていく。

2……この大きな建物の地下へ下りていく……地下深くへと。

3……数が10になるまでに、私は深い**催眠状態**になるだろう。

4……**催眠状態**になっても目を開いている……目を開いたまま、私のためになる暗示を読む。

5……下りていくのが感じられる……スムーズに……楽に。もっと安らかな気持ちになる。

6……まだ扉の上の数字が変わるのを見ている……エレベーターが下りていくにつれて、一つずつ変わる。

7……**もっと深く**下りていく……今、安らかなリラックスした気持ちになった。

8……私は安らかに……穏やかな気持ちで……下りていく……下へ……**もっと**深く。

9……さあ、目を開けたまま、楽に催眠状態に入っていこう。

10……目的地に着いたので、エレベーターはすっと止まる。私は**今、催眠状態**だ。

扉が開き、私は居心地のよさそうな読書室に入る。暖炉では丸太がパチパチ音を立てて明るく燃えている。この小部屋に入ってきた私を歓迎しているみたいだ。とても座り心地がよさそうな椅子がある。私は近づいて腰を下ろす。そして椅子の脇の小さなテーブルの上の本を手に取る。本の表紙に目をやると、『クイック自己催眠』と書いてある。私は本を開いて読み始める。言葉が直接私に語りかけてくる。まるでページから私の心に飛び込んでくるようだ。そこにはこう書いてある。

「あなたは今、目を開けたまま催眠状態になっています。このクイック自己催眠の本の誘導文を読むたびに、あなたは無意識のうちに心身がリラックスした状態になります。そしてクイック自己催眠で自分に催眠をかけるたびに、無意識のうちに前回よりも深い催眠状態に入っていきます。次に『覚醒』を読んで、催眠から自分を目覚めさせましょう」

覚醒

五まで数えると、私は催眠から覚める。五まで数えた時点で、完全に覚醒し、すっかり目が覚める。一……催眠から目覚め始めている。二……周りのことがわかってくる……満足と安心とゆとりを感じる。三……この催眠セッションの成果が楽しみだ。四……ものすごくいい気持ち。五……五……五……さあ、すっかり目が覚めて、完全に意識がはっきりしている。

体験用 誘導文②

（声に出して読んでください）

ほかには誰もいない。楽な気持ちになって、ゆっくり静かに声に出し、心と体を自分の声で落ち着かせよう。まるですべてがスローモーションで動いているように、体の動きが**鈍く**なってくる。言葉を読むたびに、口から音を発するたびに、私は**もっとリラックスして**、安らかな気持ちになる。私の心は刻一刻、ひっそりと静まりかえった山の湖の水面のように、**澄みわたって**いく。

心が澄みわたったら、本を読んでいる間**もっと深くリラックスする**ように、想像力を働かせよう。美しい砂浜でゆったりした椅子に座っているところを思い浮かべよう。目の端に、周りの金色に輝く砂が見える……それから打ち寄せる波。その優しくリズミカルな音が聞こえる。

湿った海風が体をそっとなでていく。肌に暖かい太陽の光が注いでいる。その輝きを頭皮に感じて、そこにある余分な緊張が消えていく。すべての思考が**静まっていく**ようだ。こうして太陽の暖かさを顔に感じ、その暖かさに注意を集中していると……頬にも感じる……耳にも感じる……そしてあごの周りにも。

癒（いや）しの光が首をなで、喉（のど）を温めてくれるから、言葉が口から楽にすらすらと流れ出てくる。まるでたくさんの小さな光の指が、リラックスしている私の肩や背中をマッサージしているみたいだ。温もりと安らぎの波が滝のように落ちていく……腕へ、そして指先へ。

ゆっくり息を吸って吐くと、この安らかな気持ちが胸いっぱいに広がるのを感じる（ゆっくり息を吸って、吐いて）。もう一度ゆっくり息を吸って、**吐き出す**と（もう一度深呼吸する）、黄金色の輝きがみぞおちにあふれ……そして、静かで**とても平和な**気持ちが、お腹のあたり全体に満ちるのを感じる。

心の中で、自分の腰と骨盤とお尻をよく見て……

そしてそこにある緊張や不安をすべて、一筋の光に優しく洗い流してもらおう。それから今度は脚……太陽の光がなだれ落ちていくので、まばゆいばかりに輝いている。腿（もも）から足首にかけて、とてもリラックスしているのを感じる。足首から先、指先まで、**温かく**気持ちがいい……こんなに温かくて気持ちがいい。

　輝く太陽の光を浴びながら、自分を催眠に誘う準備として、目を閉じるところを想像しよう。ゆっくり三回、深呼吸する（三回深呼吸する）。閉じたまぶたを通して、オレンジ色の輝きがちらっと見える。でも、もうその光は消えて、心地よい暗闇になっていき、私は意識を内側に向ける……内側へ……心の中心へ。

　体が**リラックス**し、心が完璧に**集中**できる状態になったところで、想像しよう。私は今、クローバーがいっぱい生えた草原の真ん中で、背の高い樫（かし）の木のそばに立っている。日光の暖かさを肌に感じる。空は青く晴れわたっている。草原の向こうに森が見える。何もはいていない自分の足に目を落とし、森に向かって柔らかい草原を歩き始める。私が歩いていくと、驚いたウサギがぴょんぴょん跳ねて、草原を駆け回る。間もなく、ふと気づくと私は森の端に立っている。

　森の奥へと小道が続いていて、小道の入口に、はき心地のよさそうなサンダルが置いてある。サンダルに足を滑り込ませると、ぴったりだ。そのサンダルをはくと、足がとても気持ちよいので、散歩にはもってこいだ。森はとても魅力的で平和に見えて、私は木陰の小道をたどり始める。小道に沿って柳の木が並んでいるのがわかる。森の奥深くに進めば進むほど、私は**リラックスした**気持ちになる。スイカズラの芳しい香りがする。生き生きと咲いている花を見ると、私はいつもとても**いい気持ち**になる。だから私は、所々に咲いている美しいスミレの花に、歩きながら見とれてしまう。その花々はとても美しくて、私はとっても**リラックスし**、心安らかな、いい気持ちになる。そうなるとわかっていたとおりに。

　森の真ん中の広い空き地に出ると、前方の丘の頂上に、壮麗な堂々たる城が見える。その城に向かって一歩一歩進みながら、私はそのすばらしい建物の美しさと風格に見とれて、驚きと期待に胸をふくらませる。

　どんどん近づいていき、堀にかかる跳ね橋を渡ると、閉じられた二枚の大きな木製の扉の前に出る。扉の外には、威嚇するような風貌の騎士が立っている。鎧を着けて完全武装し、扉を守っているのだ。騎士は私に目を凝らし、誰だかわかって尊敬の表情を浮かべる。そして騎士は、私に向かって頭を下げて言う。「お帰りなさいませ、陛下」。番兵が開ける大きな扉の中に入って、私は合点がいく。その城は私のもので、番兵は私を守るために仕えているのだ。そして私は、その要塞の内部のどこにでも入れる。これは私の城……私の心の城なのだから。ここは私の家。今ここにいる私は安全で、安心している。

　精巧な細工と装飾が施された廊下をたどり、美しく調和のとれたシーンが見事に織り上げられたタペストリーのそばを歩いていくと、立派なじゅうたん敷きの階段の上に出る。階段は、私の城の地下に……私の心の深いところに続いている。階段は10段あって、一段数えるごとに、私は心の内側の**深いところへと下りていく**。そして10段目に着くまでに、私は催眠状態になっているだろう。

1……私は安全に、楽に階段を下りる……一度に一段ずつ。

2……階段が見える。心の中の階段を、自分が下りていくのを感じる。

3……一歩踏むたびに、深く下りていく……今、もっと深くへと。

4……今、潜在意識の……深い階段を下りる。

5……下へ……地下へ……深く下りていく……もっと先へ。

6……深く下りていく、深い奥の小部屋へと下りていく。
7……一歩、一歩、下へ……下へ……もっと深いところへ。
8……階段は私のものだから、ここにいると心が休まる。
9……もうすぐ階段の一番下……私の城の土台に着く。
10……私は**今、催眠状態**だ。

扉が開き、私は居心地のよさそうな読書室に入る。暖炉では丸太がパチパチ音を立てて明るく燃えている。この小部屋に入ってきた私を歓迎しているみたいだ。とても座り心地がよさそうな椅子がある。私は近づいて腰を下ろす。そして椅子の脇の小さなテーブルの上の本を手に取る。本の表紙に目をやると、『クイック自己催眠』と書いてある。私は本を開いて読み始める。言葉が直接私に語りかけてくる。まるでページから私の心に飛び込んでくるようだ。そこにはこう書いてある。

「あなたはこの催眠誘導を読むたびに、前回よりも深い催眠状態に入っていきます。あなたは今、すばらしい催眠暗示を読んだり書いたりすることができます。あなたの心は今、このセッションの目標に集中し始めます。催眠暗示を読んだり書いたりしながら、楽に催眠状態を維持します。暗示を読んだり書いたりすると、その暗示はあなたの心に根を張り、すぐに作用し始めます」

覚醒……………………

五まで数えると、私は催眠から覚める。五まで数えた時点で、完全に覚醒し、すっかり目が覚める。
一……催眠から目覚め始めている。二……周りのことがわかってくる……満足と安心とゆとりを感じる。三……この催眠セッションの成果が楽しみだ。四……ものすごくいい気持ち。五……五……五……さあ、すっかり目が覚めて、完全に意識がはっきりしている。

催眠状態になったと信じよう

指示に従って「誘導文」を声に出して読んだのなら、あなたはうまく自分に催眠をかけられたのです。催眠状態になったと感じなかったかもしれません。精神的・心理的な変化に気づかなかったかもしれません。しかし、今回それは重要ではありません。

前述したように、催眠状態になるという「感覚」や自覚が生まれるには、セッションを何回か重ねる必要があります。

邪魔の入らない環境で、聞く人の心を落ち着かせるようなソフトな声で暗示文を読んだのなら、あなたは目を開けたまま催眠状態に入ったはずですから、安心してください。それに、軽い催眠状態でも潜在意識に対してたいへん効果的に暗示を与え、人生に大きな変化を引き起こすことができることを思い出してください。

クイック自己催眠中に、読みながら口ごもったりつっかえたりすることがあるかもしれません。もしそういうことが起こったら、いつもより深い催眠状態に到達したことを示す喜ばしい兆候だと考えましょう。口ごもる、集中力が高まる、強い感情がわく、といった催眠状態になっている兆候は、クイック自己催眠を使えば使うほどたくさん現れてくるでしょう。

そのような催眠状態の証拠を、「コンヴィンサー（納得させるもの）」と呼ぶ催眠療法士もいます。クイック自己催眠では、何かを証明するためにコンヴィンサーを追究したりしません。そのような兆候が起こったら、すでに真実だとわかっていること、つまり読んでいるうちに催眠状態になれるということが、裏づけられるだけのことです。

自分の目標に向けたクイック自己催眠

本章で「体験用誘導文」を読んだあなたの心は、クイック自己催眠を使うたびに、前回よりさらに暗示にかかりやすい状態になるよう条件づけられています。「体験用誘導文」を何度も読む必要はありません。そのかわり、60ページにある「共通誘導文」を音読します。「体験用誘導文」とほぼ同じですが、すぐに催眠から覚めさせるのでなく、自分の目標に合ったセラピー用の暗示を読む間、あなたが催眠状態にとどまるように導きます。

まとめ

クイック自己催眠を体験しよう

- 誘導文を声に出して読むと、催眠状態になって暗示にかかりやすくなる。さらに、本書のどの誘導文でも、読むたびに、より深い催眠状態に入るように心が条件づけられる。
- 誘導文を読んでいる間や読んだあと、催眠状態になったと感じる場合も感じない場合もあるが、その感覚は重要ではない。
- クイック自己催眠を個人的な目標のために利用し、望んでいたとおりに変わることができたとき、この手法の効き目を確信する。

PART

2 クイック自己催眠の暗示文

Instant Self-Hypnosis

5章 35の暗示文

本章では、さまざまな自己改善目標に合わせてプロが作成した、35のクイック自己催眠用暗示文を紹介します。

今現在、自分の人生でとくに差し迫った自己改善目標がどれか、あなたにはもうおわかりでしょう。いちばんやる気になれる自己改善目標から始めるのが賢明です。

どんな形の催眠でも、成功の鍵を握っているのはあなたのやる気ですから。

暗示文の使い方

クイック自己催眠用暗示文のタイトルを見直して、あなたの現在の目標に合うものがあるか、もしあればどれなのかを調べてください。

本書の暗示文がどれも自分の設定した目標に合わなくても、がっかりしてはいけません。ＰＡＲＴ３を読めば、自分専用の暗示文をすらすら書いて、ほとんどどんな目標にも、ぴったり合わせることができるようになります。

本章のクイック自己催眠用暗示文を利用するには、次のステップに従ってください。重要なのは、一回のクイック自己催眠セッションにつき、目標を一つだけ選ぶことです。自己改善目標がいくつかある場合は、それぞれ別々にクイック自己催眠セッションを行います。たとえば、朝に禁煙のセッションを、晩に減量のセッションをすることにしてください。

ステップ

1
一回のセッションで取り組む暗示文を一つ選びましょう。始める前に、自分の目標に合った既成の暗示文を見つけて、そこにしおりをはさんでおきます(コピーをとっておくのもいいでしょう)。

2
始める準備ができたら、二〇分くらいは邪魔されることのない、静かな場所を見つけてください。照明はまぶしくないソフトなものにしますが、文字が読めるくらいの明るさは必要です。

3
座り心地のよい椅子かソファに座って、楽に読めてページをめくりやすい位置に、この本を置きます。

4
バックに静かなインストゥルメンタル音楽が欲しければ、かけてもかまいませんが、ボリュームは低くしておいてください。力強い音楽ではなく穏やかなものにすること。心が落ち着く環境音でもいいでしょう。

5
暗示文を読む前に、60ページにある「共通誘導文」を声に出して読みます。読めば気づくと思いますが、「体験用誘導文」とほとんど同じです。ただし既成の暗示文に書かれている自己改善の暗示を受け入れやすくなるように、少し修正されています。リラックスした声でゆっくり読みましょう。

6
誘導が終わったら、促されるままにしおりをはさんだ暗示文のページ(あるいはコピー)をめくります。その暗示文に書かれている暗示をすべて、声に出して読み続けます。ゆっくりと、意味の重要性を意識しながら読みましょう。誘導のときの心を落ち着けるような口調ではなく、むしろ声に抑揚をつけて感情を込めます。太字の言葉や語句はすべて、とくに強調して読みましょう。（　）の中の言葉を声に出して読む必要はありませんが、その指示には従ってください。

7

暗示をすべて読み終わったら、「覚醒」を読んでセッションを終了します。これを読まなくても、ゆっくり自然に催眠から目覚めるでしょう。しかし各催眠セッションからすばやく効果的に目覚めるには、すべてのクイック自己催眠用暗示文の最後に書いてある「覚醒」を使ってください。

目標への取り組みを計画する

どの目標に取り組むかを決めたら、一回目のセッションを始める前に、読もうとしている暗示文にざっと目を通してください。目標のタイトルの横に、その暗示文の意図、つまりその暗示文がどういう問題に取り組むかについての簡単な説明が小さくあります。必ずそれを読んで、自分のニーズにぴったりかどうか考え、自分にふさわしい暗示が少なくとも二つ三つはあるかどうかをチェックしましょう。

ふさわしいものがなければ、ＰＡＲＴ３で説明しますが、いつでも自分専用の暗示文を作成することができます。自分の悩みに直接関係ないように思える暗示が一つ二つあっても、心配はいりません。あなたの心が適当でないとする暗示はすべて、あなたの潜在意識が間違いなく無視しますから。

「誘導文」を読み始める前に、自分で設定した目標をなぜ達成したいのか、その理由について考えましょう。ある程度は暗示文があなたの意欲に語りかけますが、選んだ目標を達成したいという願望の根にある感情を、自分で理解しておくことが大切なのです。欲しいと言っているものが本当に欲しいのか、自分のために言い訳をしていないか、きちんと確かめましょう。

たとえばタバコをやめたいのなら、タバコがどれだけ自分にとって有害か、そして喫煙にはもはやプラスの効果はないと、本当に真剣に考えているかを確かめましょう。最愛のタバコがどれだけ恋しくなることかと、まだ未練があるようなら、禁煙の準備はできていないということですから、どんなに催眠をかけても役に立たないでしょう。完璧に、純粋に、心からやる気になっていなくてはなりません。

ちなみに、目標を達成したときどういう気持ちになりたいですか？　成功することで何を得るのでしょう？　達成感？　誇り？　解放感？　自己満足？　虚栄心？

自己改善に間違った動機というものはありません。あなたの人生なのですから、真の動機は何なのか、自分に正直になりましょう。セッションを始める前に、どうして目標を達成したいのか、その理由をすべて書き出すのも役立つかもしれません。書き出すことで、自分自身の心にある動機をはっきりさせることができるでしょう。

動機は明らかだと思っていても、とにかく時間をとって自分でそれをはっきりさせましょう。せいぜい二、三分しかかかりません。そうすれば成功への道をもっと早く進めるでしょう。

予想される成果

クイック自己催眠を実行に移したあと、どういうことが予想されるのか、疑問に思う人もいるでしょう。成果がいつ、どういうふうに現れるかは人によって違いますが、予期できる一般的な兆候がいくつかあります。いつ成果が現れるかについていえば、三回から五回実行すると、態度や行動にそれとわかる違いが出てくるはずです。つまり、同じ暗示文を使ったクイック自己催眠のセッションを三回から五回繰り返すと、部分的、または完全な改善が認められるようになるでしょう。

なかには、たった一回か二回やるだけですばらしい成果が上がる人もいます。もしそうだったとしても、成果を確実に長続きさせるためには、自分の目標に向けたクイック自己催眠を七回繰り返すことをおすすめします。

そうかと思うと、満足のいく成果を出すのに一二回も実行しなくてはならない人もいます。

たいていの薬は、同じ効果を得るために量をどんどん増やしていかなくてはなりませんが、催眠はまったく逆の作用をします。やればやるほどその効果は強くなり、長続きする傾向があるのです。繰り返しの力を見くびってはいけません。初めてクイック自己催眠を実行したあと、禁煙を破ってしまったり、ドーナツに手が出てしまったりしたからといって、この先もうまくいかないだろうと思い込まないこと。何日か、あるいは何週間かすると、どういうわけか暗示が突然始動して、望みどおりの結果になるでしょう。

一回あたり一五分から二〇分しかかからないのですから、あまり時間はとられません。もちろん、効果がわかりにくくて、はっきりするのに時間が必要な目標もあります。たとえば「もっとお金を稼ぐ」という長文の暗示文は、成果が現れるのに時間がかかるかもしれません。この暗示文の暗示は、お金についての潜在意識的な信念に働きかけるものですし、それが変わったとしても、新たに得た信念を生かせる立場に立てるように、生活環境が変わるのにはさらに時間が必要でしょう。したがって、目標によっては成果が現れるのに時間がかかります。

同じ暗示文で七回、一二回、あるいは一四回やっても、効果がまったく現れなかった場合はどうなるのでしょう？　クイック自己催眠は必ずうまくいくのでしょうか？　どんな人にも必ず効く治療法など、私は知りません。頭痛薬のアスピリンでさえ、誰にでも必ず効くわけではありませんよね？

けれども望んでいた結果が得られなかったら、次の原則を思い出してください。物事に失敗などというものはない。あるのは結果だけ。エジソンは電球の発明に何百回も失敗したのでしょうか、それとも、満足できない結果が何百回も出ただけでしょうか？

もし結果がないのならば、戦術を変えることを考えましょう。もう一度自分の目標について考えてください。暗示文をチェックして、望みどおりの目標が含まれていることを確認しましょう。場合によっては、目標をもっと小さくかみ砕く必要があるかもしれません。その場合、催眠状態で自分専用の暗示文を簡単に書ける方法を、この本がお教えします。

成功に向かって

さあ、プロが書いたクイック自己催眠用暗示文を使い始める準備ができました。この手法を使うと自分が望む目標に向かってどんなにスムーズに進めるか、びっくりするかもしれません。

私が催眠療法のプロとして書いた暗示文それぞれには、数種類の暗示が含まれています。今ここで、暗示の種類やその働き方を理解することは重要ではありません。けれどもほとんどの暗示文は、一対一の催眠療法セッションを受けにくる患者に対して、私が与えている暗示とほぼ同じものです。非常に効果的で、すぐに成果が上がり、しかもそれが長続きすることは実証ずみです。

最後に、クイック自己催眠セッションは楽しむつもりでやりましょう。ためになるだけでなく、楽しいこともわかるはずです。特定の目標を達成する助けになるだけでなく、セッションのあとはとてもリラックスできて、最高の気分になるでしょう。それは催眠が人をリラックスさせ、自然にストレスを取り去るものだからです。

共通

誘導文

（声に出して読んでください）

ほかには誰もいない。楽な気持ちになって、ゆっくり静かに声に出し、心と体を自分の声で落ち着かせよう。まるですべてがスローモーションで動いているように、体の動きが**鈍く**なってくる。言葉を読むたびに、口から音を発するたびに、私は**もっとリラックスして**、安らかな気持ちになる。私の心は刻一刻、ひっそりと静まりかえった山の湖の水面のように、**澄みわたって**いく。

心が澄みわたったら、本を読んでいる間**もっと深くリラックスする**ように、想像力を働かせよう。美しい砂浜で、ゆったりした椅子に座っているところを思い浮かべよう。目の端に、周りの金色に輝く砂が見える……それから打ち寄せる波。その優しくリズミカルな音が聞こえる。

湿った海風が体をそっとなでていく。肌に暖かい太陽の光が注いでいる。その輝きを頭皮に感じて、そこにある余分な緊張が消えていく。すべての思考が**静まっていく**ようだ。こうして太陽の暖かさを顔に感じ、その暖かさに注意を集中していると……頬にも感じる……耳にも感じる……そしてあごの周りにも。

癒(いや)しの光が首をなで、喉(のど)を温めてくれるから、言葉が口から楽に、すらすらと流れ出てくる。まるでたくさんの小さな光の指が、リラックスしている私の肩や背中を、マッサージしているみたいだ。温もりと安らぎの波が、滝のように落ちていく……腕へ、そして指先へ。

ゆっくり息を吸って吐くと、この安らかな気持ちが胸いっぱいに広がるのを感じる（ゆっくり息を吸って、吐いて）。もう一度ゆっくり息を吸って、**吐き出す**と（もう一度深呼吸する）、黄金色の輝きがみぞおちにあふれ……そして、静かで**とても平和な**気持ちが、お腹のあたり全体に満ちるのを感じる。

心の中で、自分の腰と骨盤とお尻をよく見て……

そしてそこにある緊張や不安をすべて、一筋の光に優しく洗い流してもらおう。それから今度は脚……太陽の光がなだれ落ちていくので、まばゆいばかりに輝いている。腿から足首まで、とてもリラックスしているのを感じる。足首から先、指先まで、温かくて気持ちがいい……こんなに温かくて気持ちがいい。

輝く太陽の光を浴びながら、自分を催眠に誘う準備として、目を閉じるところを想像しよう。ゆっくり三回、深呼吸する（三回深呼吸する）。閉じたまぶたを通して、オレンジ色の輝きがちらっと見える。でも、もうその光は消えて、心地よい暗闇になっていき、私は意識を内側に向ける……**内側へ**……心の**中心**へ。

思い浮かべよう。私はよく知っている近代的な高層ビルに近づいている。回転ドアを抜けて、立派なロビーに入る。ビルの中では、武器を持った屈強な警備員が、ビルを侵入者から守っている。警備員は冷たい目でこちらを見るけれど、私がビルのオーナーだと気づく。警備員は私のために働いているのだ。私は警備員に向かって満足そうにうなずき、エレベーターに向かう。

エレベーターの扉の表面は鏡のようで、そこに私の姿が映っている。ゆとりがあって堂々としている。下向きの矢印を押すと、エレベーターの扉が開く。**とても安心した気持ちで**、私は広々とした豪華なエレベーターに乗り込む。そして階数を示すボタンが並んだパネルのほうを向く。私が10を押すと、ボタンが点灯してエレベーターの扉が閉まる。長く深いエレベーターシャフトを、エレベーターはなめらかに降りていく……静かに低くブーンという音を立てながら。

私は、扉の上に点灯している数字が変わっていくのを見つめる。それぞれの数字は、その階をエレベーターが通過している、わずかな間だけ点灯する。数字が増えていく……一つ、また一つ……私は自分自身の内側にある、すばらしい場所に下りていくのだ……表面のずっと下へと。


1……私が数字を見ている間にエレベーターは下りていく……数が増えるたびにどんどん深く。

2……この大きな建物の地下へ下りていく……地下深くへと。

3……数が10になるまでに、私は催眠状態になる。

4……催眠状態になっても目を開いている……目を開いたまま、私のためになる暗示を読む。

5……下りていくのが感じられる……スムーズに……楽に。

6……まだ扉の上の数字が変わるのを見ている……一つずつ変わっていく。

7……もっと深く下りていく……今、安らかなリラックスした気持ちになった。

8……私は安全……穏やかな気持ちで……下りていく……下へ……もっと深く。

9……さあ、目を開けたまま、催眠状態に入っていこう。

10……目的地に着いたので、エレベーターはすっと止まる。


扉が開き、私は居心地のよさそうな読書室に入る。暖炉では丸太がパチパチ音を立てて、明るく燃えている。この小部屋に入ってきた私を歓迎しているみたいだ。とても座り心地がよさそうな椅子がある。私は近づいて腰を下ろす。そして椅子の脇の小さなテーブルの上の本を手に取る。本の表紙に目をやると、『クイック自己催眠』と書いてある。私は本を開いて読み始める。言葉が直接私に語りかけてくる。まるでページから私の心に飛び込んでくるようだ。そこにはこう書いてある。

「あなたは今、目を開けたまま催眠状態になっています。今、とても暗示にかかりやすい状態です。目標を達成するための暗示を読む間、催眠状態は続くでしょう。スポンジに水がしみ込むように、あなたの心に暗示がしみ込んでいきます。『覚醒』を読むまでは、目を開けたままで、**楽に催眠状態でいる**ことができます。**落ち着いて集中した**まま、あなたはしおりをはさんだページをめくります」

（自分が選んだ暗示文のページをめくってください）

ストレスを撃退する

この暗示は、一般的な不安感と神経の緊張を和らげる、または取り除くためのものです。

私は今、一日の不安やいらいらを消し去る。

今現在の気分と同じように、毎日一日中、**リラックスした**心地よい気分でいる。体と心の緊張や硬さは**捨て去って**、不安な気持ちとは永久にさよならだ。

一日を通して、体の筋肉が緊張しすぎたら必ず、はっきりそれに気づく。そして気づいたときは深呼吸をする。息を吐き出すのと同時に、緊張した部分をリラックスさせる。体がリラックスすれば、すぐに**気分がよくなる**。緊張を取り除くことで、不安な気持ちを忘れてしまうのだ……体がリラックスしているとき、いらいらや緊張はなかなか感じないものだから。

これからは、仕事に取り組むとき、ゆとりのある集中した気持ちになる。一日中ずっと、気分のいい態度でいる……すると人生がもっと楽しくなる。人づきあいや交渉ごとに対して、**すっかり楽な気持ち**でいる。体のエネルギーをもっと賢く活用するから、私の体はもっと健康になっていく。暑い夏の日に水滴が蒸発していくように、不安感が消えていく。だから自分の計画について、**もっと楽観的**になる。毎日の生活で出会う人、場所、出来事を楽しむことに時間をかける。

想像してみよう、朝目覚めて一日が始まるとき、私は完全にリラックスしている。とても落ち着いた明るい気分で、あくびをしながら伸びをしている。気分は爽快、不安などみじんもなく、一日の予定の一つひとつを、楽しみに待つだけということが、どんなに気持ちいいかを実感する。

バスルームに行き、体を洗って身支度をしていると、身も心もきれいになっていくのを感じる。私の内側にあるものが、すっきり整然としている感じがして、一日中、**ゆとりのある**、**集中した**、**前向きな気持ち**でいようと思える。私の心の底には、平穏と安心を感じる気持ちがあって、それが体と頭のあらゆる部分にしみわたっている。心配と不安は洗い流されて、排水管から出ていった……その代わりに、幸せとゆとり、安らぎと平穏を感じながら、一日を過ごすのだ。

これからは、リラックスした不安のない気持ちでいよう。少しでも不安を覚え始めたら、こぶしを握りしめ、ゆっくり三まで数えながら、そのこぶしを開けばいいだけ。三まで数え、こぶしの緊張を完全に解いたとき、不安は消え去って、安らぎとゆとりを感じるだろう。

覚醒

五まで数えると、私は催眠から覚める。五まで数えた時点で、完全に覚醒し、すっかり目が覚める。一……催眠から目覚め始めている。二……周りのことがわかってくる……満足と安心とゆとりを感じる。三……この催眠セッションの成果が楽しみだ。四……ものすごくいい気持ち。五……五……五……さあ、すっかり目が覚めて、完全に意識がはっきりしている。

もっと社交的になる

この暗示は、社交の場に限っての積極性を高めるためのものです。楽な気持ちでさりげなく話しかけ、会話をはずませ、リラックスして楽しい時間を過ごすことができるようになるでしょう。

今の私は、社交の場を**もっと楽しむ**。

これからは、パーティーで**楽しく過ごし**、気楽におしゃべりやお祭り騒ぎに加わる。私は社交の場を楽しんでいいのだ。弱気や緊張とはさよならして、友達や愛する人たちとの活動を**もっと楽しむ**。友達と、仕事仲間と、知らない人と……とにかくすべての社交活動で、**もっと自己主張する**。

私は社交の場で、ゆったりとくつろいだ気分で楽に人とおしゃべりをする。私は**私らしく**ふるまう。自分の意見を話し、自分の考えを人に教えるのは楽しい。言葉が**自然によどみなく**出てくる……なんの苦労もない。パーティーでは、知らない人に自己紹介をしておしゃべりを始める。グループの会話に大いに関心をもって、他人が言わずにいられないことに耳を傾ける。そして自分の意見を主張する。私の考えはいろんなことを見通していて、貴重なものだとわかっている。

私には社交の場に提供するものがたくさんある。私の存在は貴重だ。私が参加すると感謝される。私は人から好かれている。私はつねに私自身でいられる。これからは、楽しいおしゃべりやお祭り騒ぎに参加することにしよう。**笑いたい**とき、**踊りたい**とき、**遊びやゲームに加わる**ことにしたとき……どんなときも、私は自分のすばらしい**人間的魅力**を発揮して、一緒にいるほかの人たちを楽しませる。

友達や知らない人とのパーティーを楽しんでいるところを想像しよう。誰かが何かおかしいことを言ったので、私が笑っている姿が見える。それで私は**何かおかしなことを思いつく**……そしてみんなにそれを話す。私は自分が言っていることを楽しみ、話すことを楽しんでいる。

会話がもっとまじめな話題に移ったとき、私はリラックスし、堂々と身振りを交えて話す。私が自分の知識を披露し、意見を出しているのが聞こえる。周りの人たちは、うなずいて同意と賛成を示している。言葉がよどみなく口から出てきて、**私は頭がいい**と実感し、人も私をそう思っていることがわかる。

私は**人との交わりが好きだ**。見ず知らずの人に近づき、自信に満ちた笑顔で自己紹介する。相手も笑みを返し、私が積極的に会話を始めることに感心する。私は**のびのびした気持ちだ**……このパーティーでくつろぎ、本来の自分でいることが、どんなに簡単かを実感する。とても楽しいので、これからのパーティーや親睦会に参加するのが待ち遠しい。

これからは、親睦会に参加するのが楽しみだ。ぜひとも会話に加わり、自分の意見を言いたいと思う。話すときの私の声ははっきりしていて、自信にあふれている。これからは、誰かが私を会話に引き込んだとき、私の言葉は自分にとっても聞き手にとっても、とても大事なのだとわかるだろう。だから無意識のうちにリラックスして、楽な気持ちになる……ちょうど今、感じているのと同じように……友達や仕事仲間はもちろん、知らない人との会話でも。

パーティーでダンスやゲームが行われたら、私が率直に好きなものか、それとも楽しんだほうがいいものかを判断する。そして好きなものならば、自分から手を挙げてその活動に参加し、心から楽しもう。はめを外して楽しむのはとても気分がいい。私は愉快な人間だ。はめを外して楽しむ。これからはもっと楽しむ。

覚醒…………………………

五まで数えると、私は催眠から覚める。五まで数えた時点で、完全に覚醒し、すっかり目が覚める。一……催眠から目覚め始めている。二……周りのことがわかってくる……満足と安心とゆとりを感じる。三……この催眠セッションの成果が楽しみだ。四……ものすごくいい気持ち。五……五……五……さあ、すっかり目が覚めて完全に意識がはっきりしている。

仕事がデキる人になる

この暗示は、職場やビジネスの場での積極性を高め、キャリアで成功を収めるためのものです。

私は自分の仕事とキャリアに、**超積極的**で自信がある。

今の私は、あらゆるビジネスの場で自分を主張する。自分の仕事を**認められ**、アイデアを**評価されたい**。上司、同僚、仕事仲間に、私の優れたアイデアを話し、情報を提供することにしよう。私は今、**やりたい仕事**でもっと大きな成功を収め**ようとしている**。自信をもって効率的に仕事をこなし、仕事上のどんな問題にも、独創的な解決策を考え出す。

私は自分のプロとしての意見を、自信をもって雄弁に語る。できる限りいい仕事をすることに専念する。上司や同僚に意見されたら、落ち着いて自力で立ち向かう。自分の仕事に**情熱**と誇りを感じていて、自分の能力を他人に認めさせる。私は仕事の打ち合わせが好きで、何か言うことがあるときは、自分の意見を話すチャンスをものにする。職場では**堂々とした気持ち**で、自分の能力と知性を**信頼している**。私はどんな仕事上の危機にも、落ち着いて、すばやく、理性をもって対処できる。私は仲間から評価されていることを感じる。私がやることは重要だ。私は重要な人間だ。成功を収め、昇進に向かって邁進(まいしん)する。私はもっと成功できる。私は成功したい。私は今、キャリアで**成功**するに値する。私は自分と自分の能力を信じている。

想像してみよう。私は自信たっぷりで会議の席についている。仕事仲間も数人いる。ビジネスの話に熱心に耳を傾けている私が見える。成功には**私の意見が絶対必要**であることがわかっているので、あらゆる場で、私は自分のアイデアを**話そう**と申し出て、イニシアチブを取る。会議が終わりに近づくと、私はその場で最も有力な人物に近づき、自分の仕事とアイデアについて自信満々で話す。相手は私のアイデアを大歓迎し、私のプランの実行にゴーサインが出る。そして会議室から出るとき、私は大きな達成感を味わう……自分を主張すれば、**出世して**成功することがわかっている。**自負をもって**、自分の仕事をしている私が見える。私は自分のしていることを心得ている。私がいかにうまく仕事をこなしているか、他人がほめているのが聞こえる。私はこれまでになかったほど**自分の仕事を楽しんでいる**。

これからは、私はあらゆる場面で**自分を主張する**。自分のアイデアを仲間に話すときは、ゆとりと自信を感じる。**自分のアイデアを主張し**、他人に自分の専門知識を話すときはいつも、私の声は冷静で自信に満ちている。私は誰に対しても強気だ。仕事で、あるいは職場で、誰かに反対意見を出されたときは、落ち着いて理性的に、自分の行動と意見を弁護する。日ごとに、私は仕事に対して**もっと積極的に**なっていく。どうしたら業績を上げられるか、どうしたら出世するか、アイデアが楽にどんどん頭に浮かぶ。私は自分の専門知識と経験に**確固たる自信**をもっている。これからは、うまくいった仕事について、自分で自分をほめる。私は今、**前よりうまく**やっている。私は成功したい……そして成功に値する。

私はキャリアで成功することを決意し、それを**優先する**。今もその**決意**が自分に満ちあふれているのを感じる。その決意はとても強く感じられ、私を解放してくれる気がする……何ものも私を止められないことがわかっている。私は自分を信じる。自分のアイデアを信じる。私は自分が**成功する**と確信している。

●覚醒 ……………………

五まで数えると、私は催眠から覚める。五まで数えた時点で、完全に覚醒し、すっかり目が覚める。一……催眠から目覚め始めている。二……周りのことがわかってくる……満足と安心とゆとりを感じる。三……この催眠セッションの成果が楽しみだ。四……ものすごくいい気持ち。五……五……五……さあ、すっかり目が覚めて完全に意識がはっきりしている。

成功する

この暗示は、失敗を恐れる気持ちを取り除き、目標達成にあたって前向きな姿勢を促すためのものです。この暗示文を使って最高の成果を出すには、あらかじめ具体的な目標を心に決めておかなくてはなりません。

私生活でも仕事でも、私は目標を達成する**つもり**だし、達成**したい**。

私には**ライオン**の心臓がある。**ワシ**の翼がある。**天使**の分別がある。**雄牛**の決意がある。心に決めたことは何でもうまくやれるし、やる**つもり**だ。どんな人、どんなものが邪魔をしようと、私はやめない。成功する意欲があるからだ。私は成功するつもりだ。そして成功できることがわかっている。

物事には失敗などない。あるのは結果のみ。だが私は見つけなくてはならない。扉を叩き、開かせなくてはならない。だから行動する。そして、求めている結果が得られないときは、その結果を検討する……結果から学び、そしてまた挑戦する。そしてまた、何度でも。

目標を的と考えよう。そして私は射手。弓の名手になっていくのだ。自分の標的はわかっている。矢を射る方法を覚える。そして的の中心をねらう。最初は中心に当たらなくても、的にまったく当たらなくても……べつにかまわない。あるのは結果のみ。もう一度射ることができる。別の矢を放てばいい。そして的をねらい続けよう……矢を放ち続けるのだ、標的の中心に当たるまで……満足のいくまで。

矢を放つたびに、私の意識と潜在意識が協力して、的の中心に当たるように調整し直し、計算し直す……目標を達成するために……成功するために。

私は自分の望みがわかっている。それを追いかけよう。望みをかなえるために、あえて心も気持ちも体も捧げる。そして今、仲間のグループ、人々、組織すべてに、私の目標達成を助けてくれるよう求める。全世界と世間そのものが、私の味方だ。上からも下からも、左からも右からも、前からも後ろからも、内側からも外側からも、私は支えられている。

目標については黙っていよう。達成を直接助けてくれる人以外、誰にも言わない。どうしても必要な場合を除いて、友達や家族にも、自分の目標については話さない。自分の内なる火を集中させるため、成功に集中するためにそうするのだ。

みんなの意見やアドバイスは必要ない。なぜなら、私は自分の望みがわかっているし、それをかなえられる、手に入れられる、達成できると信じているから。だから自分の目標については、**達成する**まで、できるだけ口をつぐんでいよう。直接助けてくれる人にしか話さない。

私が事を起こさなければ、何も起きない。私が進めば、**成功はやって来る**。だから最終目標に向かって、**次のステップを踏み出す**のだ。このセッションが終わったら、次のステップについて考える。それは何だろう？　目標に近づくために、すぐにできることは何だろう？　次のステップを踏み出している自分を思い描き、想像しよう。

（ここで少しの間、思い描いてください。目を開けたままで）

覚醒……………………

五まで数えると、私は催眠から覚める。五まで数えた時点で、完全に覚醒し、すっかり目が覚める。

一……催眠から目覚め始めている。二……周りのことがわかってくる……満足と安心とゆとりを感じる。三……この催眠セッションの成果が楽しみだ。四……ものすごくいい気持ち。五……五……五……さあ、すっかり目が覚めて、完全に意識がはっきりしている。

人前で堂々と話す

この暗示は、人前で話すことを恐れる気持ちを取り除くためのものです。

私は大勢を相手に話をするとき、リラックスして自信を感じる。

話すために立ち上がるときは必ず、一回ゆっくり深く息を吸う。そしてそれを吐き出すと、人前で話すことに対する緊張も不安も、すべて吐き出されていく。**とてもいい気分**だと感じるだろう。そして**落ち着いた気持ちで**話し始める。よく知っていることについて、友達に話をしているような気分だ。

私はスピーチのために、**徹底的に準備をする**。よく知っていることがテーマだから、相手が誰であろうと、何人いようと、そのことについて話すのは**簡単で自然**だ。実際おそらく、そのテーマについては、私の話を聞いている人たちより私のほうが詳しいだろう。だから心配することなど何もない。むしろほかのことはすべて忘れて、自分の言っていることに**すっかり夢中になる**。

話しかける相手は私と対等だ。だからもう、人前で話をするとき、人目をまったく気にしたくないし、その必要もない。話をするときは、**自信とゆとりを感じる**。あがったり、恥ずかしがったりせずに、自分の言っていることに注意を集中する。人は私がもっている知識と情報を聞きたがっている、それがわかる。自分の意見を主張するとき、私の**頭は澄みわたり**、理路整然としている。

話を始めるとき、こちらに目を向け、耳を傾けている人が何人いようと、問題ではないことを実感する。情報は同じだ。私はリラックスした心地よい声で、情報を伝えることができる。前にいるのが一人だろうと、数人だろうと、大勢だろうと、**気分は上々**だ。これからは何人でも同じ。何人の前であろうと、気分は上々だ。

覚えておこう。聴衆に誰がいようと、どんなに偉そうに見えようと、彼らも本当は、ただの人なのだ……食べて、眠って、トイレに行って……ほかのみんなとまったく同じだ。

聴衆の前で話をするとき、私は完璧に落ち着いた気持ちでいる。今すぐ集団の前で話すことについて考えても、**まったく問題ない気持ち**だ。そして、いつ人前で話すために立ち上がろうと、**まったく問題ない気持ち**のままでいる。

話すために立ち上がるときは、ゆっくり深く息を吸おう。それを吐き出すとき、すべての不安を追い出そう。そして次の呼吸をするときは、**とてもいい気分**になっている。準備しておいた情報を、**いつでも**聴衆に聞かせられる気持ちだ。聴衆に語りかけるとき、私の気分は上々だ。

覚醒

五まで数えると、私は催眠から覚める。五まで数えた時点で、完全に覚醒し、すっかり目が覚める。

一……催眠から目覚め始めている。二……周りのことがわかってくる……満足と安心とゆとりを感じる。三……この催眠セッションの成果が楽しみだ。四……ものすごくいい気持ち。五……五……五……さあ、すっかり目が覚めて、完全に意識がはっきりしている。

アレルギーがなくなる

この暗示は、空気で運ばれる特定の物質（たとえば花粉）に対するアレルギー反応をなくすためのものです。この暗示を食べ物アレルギーに使ってはいけません。利用にあたっては、空気で運ばれるアレルゲンを、セッションごとに一つ選びます。暗示文中の○○○すべてに、そのアレルゲンの名前を当てはめてください。

私は○○○に対するアレルギー反応から抜け出す。私は○○○に対するアレルギーから、日に日に自由になっていく。これからは空気中の○○○の存在を心配したり、気にしたりしない。○○○の存在をだんだん意識しなくなり、アレルギーがあったことを忘れていく。屋内でも屋外でも、**新鮮な空気を吸う**ことができるようになって、肺に酸素を取り込み、体をエネルギーで満たす。咳やくしゃみや喘息など、かつての○○○に対する反応すべてとさよならしよう。

　○○○があっても、自由に呼吸ができるようになる。○○○のことを気にかけたり、心配したりしなければ、自分がしていることに没頭できる。○○○に対するアレルギー反応が**なくなる**と、ゆとりと自信と幸福を感じるだろう。○○○が周りにあってもまったく安心だと、体の緊張がだんだんになくなっていく。周りに○○○があるときでも、心身とも健やかに感じるだろう。

　想像してみよう。私は家のベッドの中にいる。週末の朝、目覚めたところだ。窓の外には太陽が輝いている。私は勢いよく思いきり息を吸って、肺に空気を満たす。呼吸することで、リラックスすると同時に元気になる。だから、健康にいい空気を深呼吸する。自由に、楽に息をする。鼻で**楽に呼吸している**のを感じる……そして開いた窓から、甘くかぐわしい空気が入ってくるのが匂いでわかる。

　一晩中窓を開けておいて、夜通しぐっすり眠った……呼吸は完璧で、健康的で、妨げられることがなかった。一日の活動を始める私が見える。外に出かけても、気分はすっかりリラックスしたままだ。自信をもって、なんの問題もなく、屋外での活動を楽しんでいる。夜には誰かの家で催される、友だち同士のちょっとした集まりに行く。私はリラックスしていて、空気中に○○○があるかどうかを意識さえしない。

私は今、自分の免疫系に対して、○○○に対する過剰反応を弱め、調整するように指示する。日に日に、私の○○○に対するアレルギーは消えていき、もっと楽に**快適に呼吸する**ようになっていく。

覚醒

五まで数えると、私は催眠から覚める。五まで数えた時点で、完全に覚醒し、すっかり目が覚める。一……催眠から目覚め始めている。二……周りのことがわかってくる……満足と安心とゆとりを感じる。三……この催眠セッションの成果が楽しみだ。四……ものすごくいい気持ち。五……五……五……さあ、すっかり目が覚めて、完全に意識がはっきりしている。

歯ぎしりをやめる

この暗示は、夜も昼も歯ぎしりをしないようにするためのものです。

私は今、歯ぎしりするのをやめる。

夜も昼も、私は歯ぎしりをしなくなる。歯ぎしりを始めたら、必ずそれに気づく……そしてすぐに、**口とあごをリラックスさせる**。ストレスや**緊張を和らげる**ための、別の方法が見つかるので、歯を食いしばって**歯ぎしりするのをやめられる**。夜眠るときは、体のあらゆる部分をリラックスさせる……あごと口も。昼間は、どんな状況にも落ち着いて、手際よく対処する……歯ぎしりをせずに。**もう歯ぎしりをやめる**から、ストレスでわが身をやつれさせることもない。

歯ぎしりを**やめられる**ようになると、前よりも歯が健康になる。**気分がよくなり**、もっと実りのある方法で緊張をほぐす。ひとたび歯ぎしりをやめたら、**前より眠りが深く**なって、朝にはもっと疲れがとれた気がする。

私が**歯ぎしりをやめる**と、歯医者は**もっと喜ぶ**だろう。歯ぎしりを**やめる**から、歯のトラブルを防げる。潜在意識にあるストレスの源をもっと理解して、**緊張を和らげる**もっといい方法を見つけるのだ。自分に歯ぎしりをやめさせられることがわかって、私はもっと自分に自信を感じる。意識的なものも無意識のものも、自分の行動を自分でもっとコントロールするのだ。

一日のうち、ストレスが多い時間の自分を想像してみよう。たくさんのストレスを、あごにためているのに**気づく**……あごをきつく締めて、歯ぎしりをしている。

自分がしていることに気づいた私は、笑顔になって、口の**緊張を解く**。あごをリラックスさせているほうが、どれだけ**気分がいい**かがわかる。

夜眠るときは、目を閉じて、あごと口が緊張とストレスを解き放っているのを感じている……そして、

静かな眠りに落ちていく。一晩中、私のあごは**リラックスしたまま**で、目覚めたときは全身がリフレッシュしている。

これからは、自分が歯ぎしりをしたり、歯を食いしばっているときは、必ずそれに気づく。気づいたらすぐに口をリラックスさせ、穏やかな気持ちを感じる。

日ごとに、私は新しい行動をするようになる……あごと口をリラックスさせる、健康的な習慣だ。すぐに、あごをリラックスさせておくのが、自分にとって自然なことになる……そして私はもう、まったく歯ぎしりをしない。その代わり、リラックスすることにしよう……体のストレスを追い出そう。歯ぎしりをしなくても、今現在とまったく同じように、リラックスできることがわかっている。

覚醒……………………………

五まで数えると、私は催眠から覚める。五まで数えた時点で、完全に覚醒し、すっかり目が覚める。一……催眠から目覚め始めている。二……周りのことがわかってくる……満足と安心とゆとりを感じる。三……この催眠セッションの成果が楽しみだ。四……ものすごくいい気持ち。五……五……五……さあ、すっかり目が覚めて、完全に意識がはっきりしている。

集中力を高める

この暗示は、一般的な集中力を高めるためのものです。

私は何をやるにも、みごとに集中できる。

これからは、私はやるべきことに**集中する**……そして没頭する。脇目もふらず、自分がやっていることに**集中する**。細かいことがとても興味深くて、私の意識は目の前の仕事に釘付けになる。私の頭は冴えわたる……今、**集中力**が高まっているから。

集中力が高まると、一つひとつの仕事から、より多くの情報を得られて、とても効率よく成果を上げられる。何をやるにしても、私は完璧な集中力で**専念する**……自分がやると決めたことに、完璧に集中するのだ。

私の心は、さまようことなく、目下の仕事に釘付けになっている。私は完璧に集中できる……心配も、不安も、そわそわすることもない。私にとって自然なことだから、**楽に集中できる**。

集中力が高まると、仕事や活動一つひとつが楽しい……**注意を集中している**ものに、好奇心をそそられるのがわかるからだ。どんなテーマ、どんな活動にも、苦もなくすんなりと、集中力をすべて注ぐことができる。体と心が力を合わせて、私を**すっかり集中している**状態にする。

今ここで、本を読んでいる自分を想像しよう。それは、大切な知識を教えてくれる教科書だ。私はその本の言葉を一心に読んでいる。書かれている知識は興味深く、その知識への集中力と吸収力が、ぐんとアップする。読めば読むほど、その本がおもしろくなっていく。その本の細かいところに好奇心をそそられ、私の心は楽々と知識を吸収している。

読んでいるとき、私の体は、完璧に集中している意識にぴったり合う状態になっている。姿勢はいい、呼吸は安定していてリズミカルだ。本のページをめくっていると、読んでいるものに、**完全に集中した状態でいられる**のがわかる……周りのささいな心配事は、もう気にならない。中断しようと決めるまで、**完璧に集中**した状態で読み続けられる。

仕事に対する私の集中力は、今からどんどん高まっていく。あらゆる仕事に対する集中力は、この暗示文を読んでいる間の、まぎれもない集中力と同じようなものだ。今やっていることに、私は完璧に専念している……だから、ほかのどんなものに注意を払うことにするにしても、今とまったく同じだけの、しっかりした注意力を発揮する。そしてその仕事が終わるまで、または**全注意力**をほかのものに向けることにするまで、**集中して**いられる。私には完璧な集中力がある。

覚醒

五まで数えると、私は催眠から覚める。五まで数えた時点で、完全に覚醒し、すっかり目が覚める。一……催眠から目覚め始めている。二……周りのことがわかってくる……満足と安心とゆとりを感じる。三……この催眠セッションの成果が楽しみだ。四……ものすごくいい気持ち。五……五……五……さあ、すっかり目が覚めて、完全に意識がはっきりしている。

夢をはっきりと思い出す

この暗示は、目覚めたときに夢を覚えておくためのものです。

私は朝目覚めたとき、夢を覚えている。

細部にいたるまでの夢に対する記憶力が、毎日どんどんよくなっていく。目覚めたとき、夢で体験したイメージ、音、そして感覚を思い出すことができる。とても楽に、なんの苦もなく。夢に現れたとおりの出来事を……細部まで鮮やかに……記憶にとどめている。

夢をつくり出してくれる潜在意識の能力は、すごいと思う。私は今現在、催眠という道具を使って、顕在意識と潜在意識のコミュニケーションを強化している。そして催眠を利用して、目覚めたときに夢を**完璧に思い出せる**よう、潜在意識を導いている。

私の心は、私にとって思い出す価値のある夢を記録し、覚えている。

夢の中の出来事やイメージを、**順を追って話せる**ことに、私は満足感を覚える。そうと決めたら、**夢を思い出し**、詳細まですべて**正確に**書き出すことができる。夢を思い出すことによって、**もっと実りある**人生を送るための、自分の生活の**あり方が見えてくる**だろう。

朝目覚めたときの自分を想像しよう。一晩ゆっくり眠ったあとだ。ベッドで横になり、黙ったまま、眠っている間に見た重要な夢の詳細を、心が思い出すにまかせている。私は鮮やかに夢を思い出している……目覚めているのに、もう一度そっくり同じ夢を見ているみたいに。**細部まで生々しく**鮮明で、起こったことが鮮やかに心に残っている。

そして私は、ベッドの脇に置いてあるメモ帳か日記帳に手を伸ばし、見た夢を理路整然と書き出す。夢がどういうふうに始まり、どういうふうに終わったか、正確に思い出せる……途中に起きたことの詳細もすべて。最初はこう、次はこう、という具合に……最後には夢全体を思い出す。

これからは、目覚めたとき、すぐに夜見た夢の記憶が頭に浮かび上がってくる……すばやく、楽に、はっきりと。

明日の朝、自然に眠りから目覚めると、ベッドから出る前にちょっと一息つこう。そしてしばらくリラックスしていると、夜の夢の記憶が、完全によみがえってくる。私は簡単に、夜見た夢を思い出す。夢の**細かいところが鮮やかに**、意識の表面に浮かんでくる。私は夢のすべてを、みごとに思い出す。

覚醒

五まで数えると、私は催眠から覚める。五まで数えた時点で、完全に覚醒し、すっかり目が覚める。一……催眠から目覚め始めている。二……周りのことがわかってくる……満足と安心とゆとりを感じる。三……この催眠セッションの成果が楽しみだ。四……ものすごくいい気持ち。五……五……五……さあ、すっかり目が覚めて、完全に意識がはっきりしている。

今夜、明晰夢を見る

この暗示は、夢見ていることを自覚している夢（自覚夢ともいう）を見るためのものです。

私は夢を見ながら、夢を見ていることを自覚するようになる。

私は今、眠りながら自分が夢の中にいることを自覚できる。夢を見ているとき、それがわかっていて、自分の行動をコントロールする。私は眠りから覚めずに、**明晰夢を見る**。実際にベッドで眠っているのに、夢を見ながら眠っていることがわかる。自分の夢の参加者であると同時に、**自覚のある観察者**になるのだ。

自分が夢を見ていることを**自覚する**と、自分の夢をもっとコントロールできる。眠りながら自覚があると、夢の結果に影響をおよぼすことができる。**夢を見ながら意識がはっきりしている**と、眠っている間がもっと楽しくなる。

夜ベッドで眠っているところを想像しよう。心の奥底のどこかから……イメージと、音と、感情が呼び起こされて、心の中の映写機が夢を上映する。そして突然ひらめく。そのイメージは自分の心の投影なのだ……自分が夢の真っただ中にいることがわかる。自分が見たり、聞いたり、感じたりするものは、自分自身の心が生み出したものだということが、はっきりとわかる。

夢が続いていくうちに、自分は夢の中でなんでも言いたいことを言えて、やりたいことができることにも気づく。自分の意志の力を、穏やかに、自信をもって働かせれば、夢の中のイメージや出来事を変えることだってできる。

今の私は**明晰夢を見る**。明晰夢を体験する。今夜から、自覚のある夢をつくり出そう。自分が夢を見ていること、そして夢の中で自分の行動を完全にコントロールできることに気づくだろう。自分が見る明晰夢を覚えているので、次の日、その夢について考えて楽しむことができる。

私は明晰夢を見る。眠っているとき、夢見ていることを自覚しながら夢を見る。

覚醒

五まで数えると、私は催眠から覚める。五まで数えた時点で、完全に覚醒し、すっかり目が覚める。一……催眠から目覚め始めている。二……周りのことがわかってくる……満足と安心とゆとりを感じる。三……この催眠セッションの成果が楽しみだ。四……ものすごくいい気持ち。五……五……五……さあ、すっかり目が覚めて、完全に意識がはっきりしている。

悪い癖と決別する

この暗示は、習慣となっている好ましくない行動をやめて、代わりにリラックスした幸福な気持ちになるためのものです。利用にあたっては、直したい癖をセッションごとに一つ選びます。暗示文中の○○○すべてに、その癖の名前を当てはめてください。

私は今すぐ○○○をやめる。

今私は、○○○をしたいという自分の欲求を抑えられるようになる。今、○○○をする必要性や欲望を捨て去る……代わりに自由を選ぶのだ。自分がとってきた行動は水に流す。私は○○○をやめていいのだ。ぜひやめよう。

私が○○○をするのは、単なる行動パターンだ。習慣のベースにあるは私の考え方だが、**考え方は変わるもの**。私の頭がパターンを繰り返してきたのだ。催眠による潜在意識の力を使って、私は今、**そのパターンを中断し、変える**。

潜在意識にある○○○したい欲求がなくなっていくだろう。私は今、その行動にすがりたい欲求を、○○○の習慣からの解放感に置き換えている。それはリラックスした、幸せな気持ちだ。

○○○をすることへの罪悪感や羞恥心(しゅうちしん)を捨て去る。罪悪感や羞恥心は時間の無駄だから。私は今から日に日に、自分自身と自分の行動をもっと抑制できるようになっていく。私はもう、習慣で○○○することはない。○○○を始めるたびに、**心の警鐘(けいしょう)が鳴る**。**心の警鐘が鳴ったら**、深呼吸をしてリラックスしよう。そうすれば、自分には自由な意思があって、ただ○○○以外の行動を選べばいいのだと気づく。

○○○をしないことにするたびに、私は自制心と自信を感じる。○○○をしているときの気持ちより、自制ができていてリラックスしている感覚のほうが好きだ。○○○に対する関心はなくなっていく。興味を感じなくなり、○○○をする回数がどんどん減っていくのがわかる。

これまで想像したこともないくらい、○○○をやめるのが簡単だ。今私は、自分でも思っていなかったほど、自分の心と体をコントロールできることに気づいている。そして今、○○○をやめるのに力を貸すよう、潜在意識にはっきりと頼み、指示したので、すぐに楽々と成功するだろう。習慣の土台は考え方だ。考え方は変えられる。私は考え方を変え、○○○に対する感情的な執着を捨て去ることにする。

私は強くて、魅力的で、有能な人間だ。人生の問題を解決するのに○○○する必要などない。そもそも○○○は、本当は私の役になど立っていなかった。そして今私は、私の人生からそれを追い出し、ただありのままの自分でいるだけで、安心と自信と幸せを感じることにする。

覚醒

五まで数えると、私は催眠から覚める。五まで数えた時点で、完全に覚醒し、すっかり目が覚める。一……催眠から目覚め始めている。二……周りのことがわかってくる……満足と安心とゆとりを感じる。三……この催眠セッションの成果が楽しみだ。四……ものすごくいい気持ち。五……五……五……さあ、すっかり目が覚めて、完全に意識がはっきりしている。

気分よく歯医者に行く

この暗示は、歯医者に行くことを怖がる気持ちや、歯医者で治療を受けているときの恐怖心を、和らげたり取り除いたりするためのものです。

私はリラックスした楽な気持ちで歯医者の予約を取る。そして歯の治療に対する恐怖心を解き放つ。

将来、トラブルや痛みが起きないように、歯と口は健康な状態にしておきたい。歯医者はその目標の達成を助けてくれる。だから、**リラックス**した楽な気持ちで歯医者に行き、治療用の椅子に座ろう。筋肉の緊張がほぐれる……歯の治療をしてもらうときには、あごが**自由に気持ちよく**動く……健康な歯と歯ぐきになりたいことがわかっているから。

もっと健康になるよう、歯医者に手伝ってもらおう。だからリラックスして協力しよう。歯医者の予約を取り、予約どおりに行くことに対する不安を捨て去り、うれしい気分になるのだ。

私は**楽な気持ち**で歯科医院に入っていく。歯医者の予約を取るのも、とても気分がいい。今、恐怖と不安が**消えていく**と、歯医者に行けばもっと健康になることがわかる。歯医者に私の歯を診てもらって、私自身の健康と幸福に必要な治療をしてもらうことができる。私の口は**もう緊張しない**。私のあごが**自由に柔軟に**動けば、私の全面的な協力を歯医者は喜ぶ。

想像してみよう。私は歯医者に予約を入れるために、電話に手を伸ばす。予約を取ってくれる受付の人は親切で、私は前より気分よく予約をする。そして数日が過ぎる……今、私は歯医者の診療所の扉を入ろうとしている。

扉を通り抜けるとき、冷静で……穏やかで……リラックスしている。治療用の椅子に案内されるときも、**安心しきって**いる。歯医者に来るのは、一日の中のちょうどいい休憩だと考えている。

そして歯医者が治療を始めても、私のあごは気持ちよくリラックスしたままで、ちっとも**緊張しない**。

歯の治療器具……目に入るし、音が聞こえるけれど、それは私の歯の健康を助けてくれる有益な道具だということが、今の私にはわかっている。だから**なんとも思わない**。

　これからは、歯医者の診療所の玄関を入るたびに、もっとリラックスしていく。治療用の椅子に座ると、その椅子のデザインのおかげで、どれだけリラックスした気分になるかがわかる。体がリラックスし、完全に楽な気持ちになる。歯の治療器具が目に入り、音が聞こえると、興味をそそられる……けれども、落ち着いた平静な気持ちはそのままだ。忙しい一日のちょうどいい休憩時間なので、歯医者の椅子に座る時間が待ち遠しい。

覚醒……………………………………………

五まで数えると、私は催眠から覚める。五まで数えた時点で、完全に覚醒し、すっかり目が覚める。一……催眠から目覚め始めている。二……周りのことがわかってくる……満足と安心とゆとりを感じる。三……この催眠セッションの成果が楽しみだ。四……ものすごくいい気持ち。五……五……五……さあ、すっかり目が覚めて、完全に意識がはっきりしている。

決断力のある有能な人になる

この暗示は、仕事をするときの決断力と効率を高め、意思決定への自信を深めるためのものです。

私は今、もっと決断力のある有能な人になる。

私は今、決断を下してそれを貫（つらぬ）く能力を高める。**正しい決断を下せる**自分の能力を、疑うのはやめて信じるのだ。どんな仕事でも、**決定的な行動**をとることに、**自信を感じる**。

一日の仕事の優先順位を決め、計画を立てることで、**もっと効率よく**できる。何をやるべきか、どういう順番でやるべきか、私は**さっさと決める**。そして自分の決断について、もうくよくよ考えない。自分を信じるのだ。**行動**方針を**選択**し、それを貫こう。

私は自分の決断に**ゆとりを感じる**……そして楽に、潔（いさぎよ）く、それを実行する。気が散るようなことが起こったら、すぐに対処する……それから、自分が決めた一連の活動に戻る。いくつかある選択肢の中から、損得を考えて最適の道を選んでいいのだ。私の選択は正しくて、そのとき私にできる**最善の選択**だと信じる。

潔く仕事に取り組み、計画を立て、**全能力**と自信をもって、慎重に優先順位を決める。何をどういう順番でやるべきかを決めて、その日にやるべきことを終えるまで、仕事を一つずつ仕上げていく。満足のいくように仕上がるまで、一つの仕事に**ずっと集中する**。**正しい決断を下せる**自分の能力を、疑うのはやめにする。注意散漫になることや、やでたらめな判断は捨て去って、やり遂げたいことに集中する……優先事項に集中するのだ。

想像してみよう。私は今、書類と仕事の山を目の前にして、デスクに座っている。やるべきことの優先順位を決めて、書類を慎重に、しかも円滑に整理していく。最重要の課題から取りかかって、ほかのものは後回しにすることに決める。

デスクの上の電話が鳴る。受話器を取って丁寧に応対する……すぐに相手に、今は忙しいので、当面の仕事が片付いたら電話をかけ直すと伝える。受話器を置くと、私の心は目の前の仕事に戻る。意識を集中し、決断力をもって仕事をしている私が見える。最初の仕事を終えると、よくやったぞという気持ちになる……ちょっと一休みする余裕さえある。先ほど受けた電話をかけ直す。でも二、三分しか話はしない。休憩したあと、心がリフレッシュして、私は決然と次の仕事にとりかかる。

これからは、自分の**意思決定**能力を信頼する。私はとても決断力のある人間になっていく。選択肢の中から選択を下し、自分の計画を**最後までやり遂げる**。私はあらゆる仕事に堪能になっていく。小さい仕事も大きい仕事も、**整理して優先順位をつける**ことで、私は日に日に有能になっていく。

覚醒

五まで数えると、私は催眠から覚める。五まで数えた時点で、完全に覚醒し、すっかり目が覚める。一……催眠から目覚め始めている。二……周りのことがわかってくる……満足と安心とゆとりを感じる。三……この催眠セッションの成果が楽しみだ。四……ものすごくいい気持ち。五……五……五……さあ、すっかり目が覚めて、完全に意識がはっきりしている。

もっとエネルギッシュになる

この暗示は、疲れを取り、気持ちだけでなく体力的にもエネルギッシュに、日常生活を送るためのものです。

私は何事も、もっとエネルギッシュに、熱意をもって行う。

私は自分の生活の、あらゆる面を楽しむ……日に日に、エネルギーと意気込みが増していく。これからは何をやるにも、**もっとはつらつとした気分**になって、もっとわくわくできる。私は人生を心ゆくまで味わいたいし、あらゆる活動に**もっと満足**したい。**もっとエネルギッシュ**になった今、それができる。**もっと元気**になったら、もっと楽しい。エネルギーが増えたら、もっと健康で生き生きした気持ちになる。人生にわくわくして夢中になれば、生きる力をひしひしと感じる。

今私は、疲労感と無関心を捨て去る……だから熱心に、真剣に、新たな試みに没頭できる。幸せで、エネルギッシュな面を表に出そう……そうすれば、人は私の性格や態度を好きになる。朝、エネルギッシュな気分で目覚める。一日中、前よりエネルギーにあふれている。自分の体が活力に満ちているという感覚、そして心が機敏であるから、その生き生きした感覚が味わえる。私は今、持続するエネルギーと関心と意気込みをもって、本当に自分がやりたいことをやれる。今の私の気持ちは明るい……気分は朗らかだ……前よりエネルギッシュになっているから。

想像してみよう。夜眠っている間、私の体はバッテリーのように**充電**されている……だから一晩よく眠って目覚めると、私のバッテリーは完全に充電ずみだ……エネルギーに満ちあふれている。朝目が覚めて、**生き返ったような気がする**……体に日の光があふれているかのようだ。だから私は、とてもはつらつとした、いい気分になる。

起きてシャワーを浴びると、体に水が当たる感覚によって、エネルギッシュなすばらしい気持ちになる……どんな一日になるか、わくわくしてくる。そして、**幸せな気分**にぴったりの服を身につける。朝食にヘルシーな食べ物を食べて、たくさんの水を飲んでいる私が見える。外に出ようとしてふと気づくと、**私はにこにこしている**……そして意欲的でエネルギッシュな気持ちでいる……その気持ちは一日中続く。

毎日目覚めるたびに、私は前の日よりももっとエネルギッシュになっている。疲労感と無関心を感じたい欲求は捨て去る……そして代わりに、朗らかでエネルギッシュな気持ちになりたいという、**新鮮な欲求**を感じる。私は自分を、生気に満ちたエネルギッシュな人間だと思いたい。私は生きているのだ。

覚醒

五まで数えると、私は催眠から覚める。五まで数えた時点で、完全に覚醒し、すっかり目が覚める。一……催眠から目覚め始めている。二……周りのことがわかってくる……満足と安心とゆとりを感じる。三……この催眠セッションの成果が楽しみだ。四……ものすごくいい気持ち。五……五……五……さあ、すっかり目が覚めて、完全に意識がはっきりしている。

もう飛行機を怖がらない

この暗示は、飛行機に乗るときのストレスと不安を和らげるためのものです。

私は飛行機やジェット機で旅行している間、リラックスして楽な気持ちだ。

飛行機の座席を予約することについて、まったく不安を感じない。リラックスした平静な気持ちで、飛行機に乗るのを楽しみにしている。指定された座席に座ったら、体を**完璧にリラックス**させ、深く楽に呼吸ができる。飛行機のドアが閉じたら、安全で**安心だと感じる**ことにする。統計上、飛行機は車の運転より安全であることを思い出す……車の中より**飛行機のほうが安全**なのだ。

私は飛行機に乗って、行きたいところに行くことができる……ほかの交通手段より、早く楽に着ける。飛行機で旅行することにしたら、旅行の計画に関する**不安とはさよなら**だ――飛行機のおかげで、移動時間が少なくてすむことを思い出そう。

自分の感情をどれだけ抑えられるかがわかったら、自分に**もっと自信を感じる**。飛ぶことへの恐怖を解き放った今、私はためらうことなく、飛行機の座席を予約することができる。私は空の旅を楽しめる……飛行機に乗ることについて、**リラックスして安全だと感じる**ことにしたから。

航空会社に予約の電話を入れているところを想像しよう。私の声ははっきりしていて、自信に満ちている。予約をするのが**いい気分**だ……長距離の移動には、飛行機が最も安全で理にかなった交通手段なのだ。

時が過ぎ、フライトの日がやって来る。私はチケットを手にして、自分が乗る飛行機への搭乗を知らせる案内アナウンスが、スピーカーから流れるのを聞く。飛行機に乗り、客室乗務員に出迎えられたとき、客室乗務員はプロであり、何百回と無事に飛んでいることを実感する。

座席まで進み、**心地よいクッション**をお尻の下に感じたら、体の緊張をほぐし、深く息を吸う。ゆっくりと息を吐き出すうちに、私の感情は穏やかに、冷静になっていく。ドアが閉じるとき、飛行機では私の安全が確保されていることを思い出す。

スピーカーから機長の声が聞こえてくる。ユニフォーム姿の機長が心に浮かび、彼はプロとしての訓練を受けていることを思い出す……**安全な飛行**を経験していることも。飛行機が離陸するとき、私はリラックスした安心な気持ちでいる……そして万事順調だ。

これから私は、飛行機で飛ぶことについて、もっとリラックスした気持ちになる。飛行中、自分の選んだ飲み物を一口飲むたびに、もっとリラックスしていくだろう。心配したい欲求は捨て去り、空の旅を楽しもう。

覚醒……………………………………………

五まで数えると、私は催眠から覚める。五まで数えた時点で、完全に覚醒し、すっかり目が覚める。一……催眠から目覚め始めている。二……周りのことがわかってくる……満足と安心とゆとりを感じる。三……この催眠セッションの成果が楽しみだ。四……ものすごくいい気持ち。五……五……五……さあ、すっかり目が覚めて、完全に意識がはっきりしている。

爪を噛むのをやめる

この暗示は、爪を噛む癖を直すためのものです。

私は今、爪を噛むのをやめる。

今私は、爪を噛みたいという欲求を捨て去る。私は自分の行動をコントロールして、爪を噛まないようにする。もっとリラックスしよう……日に日に……刻一刻……そして爪を**噛むのをやめる**。自分の体と行動を**もっとコントロールできる**ようになると、あっさり爪を噛まなくなる……そしてただ、ゆったりした**穏やかな気持ち**でいることにする。

今、爪を噛むのをやめると、強く健康的な爪が生えてくる。爪を噛まないようにしようと決めると、自分の行動すべてをコントロールできるのだと思えて、前より**気分がいい**。

想像してみよう。私は自分の行動をもっと意識するようになって、爪を噛むのをやめている。手が口に近づいているのに気づくと、次に起こることを**コントロールできる**のだということを思い出す……そして爪を噛む代わりに、手を脇に下げている私が見える。落ち着いて、リラックスして。そうするとき、私は自由で、自制できると感じる……爪を噛むよりいい気分だ。

これからは、自分の手が口に近づいたとき、それをはっきりと自覚する。その行動に気づいたときは、一瞬、時が止まったかのように思える……そしてその一瞬に、私は爪を噛まないようにしようと、**楽に決断**できる。

緊張を感じるときはいつも、息を二回深く吸い、ゆっくりと吐き出す。それでリラックスできる……爪を噛みたいという欲求が消えていくのがわかる。その代わり、**ゆったりした気持ち**になり、自制できていると感じる。

どんな癖も変えられる。どんな行動もやめられる。癖というのは、心の中で作動しているプログラムにすぎない。催眠中の潜在意識の力によって、私は爪を噛むプログラムを中断するよう、心に指示を出す。そのプログラムを、個人の能力と自制心を発揮する、新しいプログラムと置き換える。

これまで爪を噛むプログラムが作動していた状況になったら、これからは息を深く吸って吐き出す……目の前の状況が何を示そうと関係ない。私は深呼吸をする……すると自信とパワーのうねりが、心と体のすみずみに流れるのを感じる。

覚醒

五まで数えると、私は催眠から覚める。五まで数えた時点で、完全に覚醒し、すっかり目が覚める。一……催眠から目覚め始めている。二……周りのことがわかってくる……満足と安心とゆとりを感じる。三……この催眠セッションの成果が楽しみだ。四……ものすごくいい気持ち。五……五……五……さあ、すっかり目が覚めて、完全に意識がはっきりしている。

やる気(意欲)が出てくる

この暗示は、特定の目標に対するモチベーションを高め、失敗を恐れる気持ちを取り除くためのものです。利用にあたっては、セッションごとに目標を一つ選びます。暗示文中の○○○すべてに、その目標の名前を当てはめてください。

今私は、○○○という目標に対して、やる気満々になる。

○○○という目標を達成したら、もっと成功している気分になるだろう。○○○へのやる気が高まったら、私はもっと幸せになる。もっといい人生を送りたい。私の目標はそのために役立つ。やる気満々の私は、**夢中になって**○○○という目標に取り組む。**利益をすべて**自分のものにできるのが楽しみだ。

この目標は私にとって重要だ。私は達成に必要な行動をとる。○○○という目標に**一〇〇パーセント打ち込む**。失敗を恐れる気持ちは捨て去る。物事に失敗などないのだから。あるのは**結果だけ**。たった今やっているのと同じように、私は心に決めたことを達成できる。目を開けたまま○○○への意欲を高める自己催眠をかけることによって、私はすでに、自分の中に○○○に対する**やる気**がわき上がっていることを証明している。私の考えと気持ちすべてが、○○○という目標に向かって**一〇〇パーセント**かみ合っている。

私には**一〇〇パーセントの決意**がある。それはずっと温められていたもので、今私は、○○○というこの目標を達成したいと望んでいいのだ。目標達成を妨げようとする邪魔が入ったとき、私は○○○に**一〇〇パーセント没頭**していることを思い出す。私は**一〇〇パーセントやる気**になっている感覚がとても好きだ。

○○○という目標を達成したいという願いは、どんどん強くなっていく……どんどん強くなって……強い願望が今、私の中でさらに高まっている。それはずっと感じ続けたい、すばらしい感覚だ。

想像してみよう。**一〇〇パーセントやる気**になって、○○○という目標に取り組むのは、どんな感じだろう。私は今、必要なことを、一つずつやっている……やり遂げるまで。目標に向かって一歩進むたびに、もっと夢中になる。目標を達成して、自分に**とても満足している**私が見える。○○○という目標に、**一〇〇パーセントの意欲**をもち続けたからだ。振り返ってみると、時間と努力をつぎ込む価値があったことがわかる。そして、自分に対する自信が大いに深まる……目標を達成できることがわかるから。

日ごとに、○○○という目標への私のやる気は高まっていく。ためらい、恐れる気持ちとはさよならだ。私にはわかっている。物事には失敗などない。あるのは結果のみ。だから私は、自分の目標に満足し、わくわくする。今、どんな仕事でもやってやるという自信が高まってきている。私にはできるのだ！

覚醒……………………………………

五まで数えると、私は催眠から覚める。五まで数えた時点で、完全に覚醒し、すっかり目が覚める。一……催眠から目覚め始めている。二……周りのことがわかってくる……満足と安心とゆとりを感じる。三……この催眠セッションの成果が楽しみだ。四……ものすごくいい気持ち。五……五……五……さあ、すっかり目が覚めて、完全に意識がはっきりしている。

眠くなる

この暗示は、寝つきをよくしてぐっすり熟睡したいと願う人のためのものです。

私は楽に眠りに落ちて、朝までぐっすり眠る。

眠りに入るのは自然のプロセスだ。私は疲れているときはいつも、楽に**眠りに落ちる**ことができる。眠ろうと**努力する必要はない**。眠ろうと努力しなければ、体は**リラックス**し、すぐに心地よく眠りにつくことができる。私は不安と緊張を捨て去り、疲れを感じるときは体を休ませる……そして眠りに入る。深く……ぐっすり……眠る。

ベッドに入って眠る準備をしていると、落ち着いてゆったりした気持ちになる。そのおかげで、どんどん深くリラックスできる。体の緊張をほぐすのを助けるために、私は想像力を働かせて、体のあちこちの緊張をほぐす。この催眠セッションの初めにやったのと同じように。目を閉じて、広い浜辺に寝ているところを想像する。暖かい太陽の光が、私の体のあちこちを優しくなでて、緊張をほぐしているのが感じられる。

まず足から始めよう。足をリラックスさせていると、足に温もりが感じられる。次は足首から腿（もも）に、金色に輝く光を感じている気になる。それから腰と骨盤に……そしてお腹に。そのまま、体のあちこちが日光を浴びているところを想像していき、最後に頭のてっぺんで終わる。

全身の緊張がほぐれたころには、呼吸がゆったりしている……とてもゆったりしているので、呼吸をするたびに、少しずつリラックスしていくのが感じられる。だから、どれだけリラックスした気持ちになっているかを測るために、呼吸を一〇〇から逆に数えていこう。数が一つ小さくなるごとに、リラックスのレベルが深くなっていく。だから、一つ数えるたびに、一回呼吸をするたびに、私はどんどんリラックスしていく……リラックスしすぎて、数がわからなくなってしまうかもしれない。そのとき私は落ちていく、深い……深い……眠りへと、落ちていく。

呼吸を逆に数えていくと、**自然に眠りに落ちる**。

眠りに落ちたら、体が完全に休まるまで、**眠ったままでいる**。

覚醒……………………………………

五まで数えると、私は催眠から覚める。五まで数えた時点で、完全に覚醒し、すっかり目が覚める。

一……催眠から目覚め始めている。二……周りのことがわかってくる……満足と安心とゆとりを感じる。三……この催眠セッションの成果が楽しみだ。四……ものすごくいい気持ち。五……五……五……さあ、すっかり目が覚めて、完全に意識がはっきりしている。

セックスが楽しくなる

この暗示は、セックスの欲求や喜びを感じなくなったとき、それを高めるためのもので、男性も女性も使えます。

私はセックスすることを楽しむ。性の営みの間、ずっとリラックスした気持ちで、自信を感じる。

性欲は人間の自然な欲求だ。お腹がすいているときの食欲と同じで、人間の動物的性質の一部なのだ。性欲は空腹のようなもの。感じよう、しようとする努力が必要なものではない。**セックスは自然なもの**。性欲は自然なもの。

　誰でも知っているように、数時間何も食べなかったら、自然にお腹がすいてくる……そしてついに、その衝動は**差し迫った欲求**になる。私の性的欲求も同じだ。自然に**だんだん強く**なる……どんどん**切迫の度が高まる**。私の性欲は飢えであり、**セックスへの飢え**は満たされなくてはならない。

　今も体に注意を向ければ、その**衝動が感じられる**。そこにあることを私に訴えかけている。そして性的欲求は、健全でよいものだ。だから、そういうふうに感じていいのだ……性欲はふつうのこと……健康的なこと……よいこと。

　私はセックスの間、自分の存在のあらゆるレベルで、**喜びを感じる**。抑制の鎖を解いたとき、私の心と感情と体は、**セックスの喜び**を味わう。インポテンツや不感症でありたいという、潜在意識の欲求はいっさい捨て去り、その代わり**性の営みを楽しむ**ことにする……なぜなら、私は喜びを感じるに値する人間だから。セックスを楽しむのはよくない、罪深い、あるいは汚いという考えは、すべて忘れ去る。

　私はもう大人なのだから、何が正しくて何が間違っているかは自分で決める。セックスについての言い古された観念の代わりに、気持ちを盛り上げる信念をもつ。同意している大人どうしのセックスは、自然で健全だと思う。セックスは楽しい。楽しい活動は、望む限り長く続いてほしい。性の営みをしているとき、私は束縛を感じない……リラックスしていて自信がある。セックスは自然で、ふつうのことだとわかっている。だから喜びを味わうことに、夢中になってもいいのだ。私はセックスすること――そしてこうやって話すことを楽しむ。

私はセックスに時間をかける……喜びを**長く**味わえるように、長く続くようにする。セックスはパフォーマンスではない――心と体の営みだ。私の心が興奮すると、**体が刺激される**。

私はセックスの喜びを享受（きょうじゅ）するだけでなく、セックスの喜びを与えることも楽しむ。相手に喜びを与えるとき、私も喜びを感じるのだ。相手からセックスの喜びを受け取ろう。**私に**喜びを与えることが、相手にとって喜びになるのだから。だからセックスをしている間、私は喜びを与え、喜びを受け取る。

セックスをしているとき、私は解放感を覚える。なぜなら、性的な喜びの感覚や興奮を味わっている間は、ほかのことなど考えられないからだ。相手とセックスの楽しさを味わっている間、私は完全に現在形だ。過去のことなど考えないし、未来についても考えない。セックスの楽しさに没頭する。

セックスや愛の交わりは、アクション映画や冒険映画を観るのに似ている。エキサイティングな前置きで始まる……そしてだんだんに、興奮が高まっていく。私は興奮を高めるために前戯をする。展開していく冒険を楽しめるよう、ゆっくり時間をかける。ストーリーが盛り上がるにつれ、感情がどんどん強まっていく……そしてもっと激しく**感じている**のがわかる。そして冒険はゆっくりとクライマックスへ……クライマックスは完璧、満足のゆくものだ。

これからはセックスの間、私は緊張を解く。事が**すらすら運ぶ**にまかせる。着ている服が脱げると同時に、それが後暗示催眠の役割を果たして、私を縛っている抑制が解き放たれる。**自然な性衝動**の感覚が、私の心を満たし、体を刺激するのを感じる。

セックスの最中、私はもっと楽しくなる。セック

スは楽しい、セックスは自然だ。私はセックスした
い。私は自分の性的な感性が好きだ。

覚醒……………………………………………………

五まで数えると、私は催眠から覚める。五まで数
えた時点で、完全に覚醒し、すっかり目が覚める。
一……催眠から目覚め始めている。二……周りのこ
とがわかってくる……満足と安心とゆとりを感じる。
三……この催眠セッションの成果が楽しみだ。四…
…ものすごくいい気持ち。五……五……五……さあ、
すっかり目が覚めて、完全に意識がはっきりしてい
る。

ダイエットに成功する

この暗示は、体をほっそりさせるためのものです。単に体重を減らすのでなく、脂肪を減らすのが目的で、その結果、うれしくてためになる体質の変化が起こります。

私は安全に、楽に、体の脂肪を減らす。

安全に体質を変える心と体のプログラミングを、私は**今から始める**……だから日に日に、私の体重は減り、体が細身になっていく。晴れた暖かい日に雪が解けていくように、私の体脂肪は安全に減っていく。今から日一日、私の体には筋肉がついていくので、私はほっそりと魅力的な容姿になっていく。ほっそりと、魅力的になる。

細身になっていくと、エネルギッシュになり、もっと強い、生気に満ちた気持ちになる。もっと楽に、**すばやく動く**ようになる。体がほっそりするにつれ、もっと健康になる。どんどん細身になるにつれ、**自信が深まって**いく。私は容姿も気分もよくなるに値する人間なのだ。

服をぴったり着こなしている私が見える――小さいサイズでもぴったりだ。前よりほっそりして、すてきな体型になっているから。あらゆる面で**前より活動的**になっている私が見える。**脂肪が落ちて細身になっている**私は、前より強くなっているからだ。脂肪が溶け落ちていくと、**気分も軽く**なる……持ち歩いていた余計な荷物を捨ててしまうのだ。一日の始まりに、ほっそりした体に自信をもって、誇らしげに歩いている私が見える。

今度は、鏡の前に服を着て立っているところを想像しよう。**ほっそりした姿**が映っている。顔に目を向けると、細くなった今では、顔立ちが**前より魅力的**になっているのがわかる。細身の体に合わせて買った、新しい服を着ているところを思い浮かべよう。新しい細身の体に、服がぴったりフィットしている。私の体はとてもきれいに見える。今、服を着ている私はかっこよく見える。新しい服を着た自分の体型がとてもうれしい。

さあ、今度は服を脱ぐところを想像しよう。鏡をのぞきこむと、自分の体がいかに健康的で、ほっそりして見えるかがわかる。ウエストは前より細く見える。体はちょうどいいところでくびれていて、体型が変わった今、前よりセクシーに見えるのは確かだ。前より筋肉に張りがあるのがわかる。私はすてきに見える。細く見える。自分がどんなに**ほっそりと魅力的に**見えるかがわかると、気分がいい。自由な気持ちになる……いつでも快く、楽に動ける……やりたいことを自由にできる。

私には、やせることに対する安心感がある……脂肪の層で自分を覆う必要はないのだ。安心感は私の心の内から生まれている。今現在、たとえ食べ物を食べていなくても、私はまったく安心だし、気分がいい。心は落ち着いていて、自分自身に大きな愛情を感じる。

自分自身に対する無条件の愛と励ましに、食べ物が取って代わることは絶対にできない。

心の中にこの自尊、自立、自愛の気持ちを感じていると……いつもこういう気持ちでいられることがわかると……もう、自分を世の中から孤立させたり、絶縁したりする必要はない。私はもう、食べ物を利用して自分を守ったりしない。

私はなんの助けを借りなくても、安らかで、快適で、守られていて、安全だと感じる。そしてこの安心感が私に、適切な食べ物を適切な量だけ食べる力を与えてくれる。

食べ物は体の燃料だ。栄養分だ。私はもう、自分の楽しみやご褒美（ほうび）のために食べ物を利用しない。もう退屈だからといって食べたりしない。私の人生にないものの埋め合わせに、食べ物を利用しない。生活の中に何か不満があったら、そう感じさせている問題に取り組もう。ほかのどんなニーズや欲求を満足させるのにも、もう食べ物を利用しない。

食べ物は体というエンジンのための燃料だ。私は体が完璧に機能するように、正しい種類の燃料を体に与えたい。だから、体の動きを鈍らせるような食べ物を口にするのはやめる。その代わり、栄養に富んだ食べ物で、体に燃料を補給する……私の体がきれいに、効率よく燃やせる燃料……エネルギーを供給し、最適の性能を引き出す燃料。

　日に日に、私の体重は減っていき、私は細くなっていく。前より食べる量を、**コントロールできる**ようになっていく。食べ物を利用せずに、ストレスと緊張を和らげるのだ。体が変化して細身になると、新しい容姿に安心感を覚える。体が変わっていき、私は安心でいい気持ちになる。**健康的な気分**で、健康的な食べ方や考え方しかしない。前よりやせて健康になると、自由な感じがする。その自由は、自分にとってとてもよいものに思える。

覚醒……………………………………

五まで数えると、私は催眠から覚める。五まで数えた時点で、完全に覚醒し、すっかり目が覚める。一……催眠から目覚め始めている。二……周りのことがわかってくる……満足と安心とゆとりを感じる。三……この催眠セッションの成果が楽しみだ。四……ものすごくいい気持ち。五……五……五……さあ、すっかり目が覚めて、完全に意識がはっきりしている。

ヘルシーな食生活を送る

単独で使うのにも、「ダイエットに成功する」の補足にするのにも、とてもよい暗示です。

私は、正しい栄養補給に適した量の、ヘルシーな食べ物を食べたい。

健康にいい食べ物は、おいしい食べ物だ。汚染されていない、ヘルシーな食べ物を食べたい。なぜなら、栄養に富んだ、健康にいい食べ物だけを食べることにした今、体が丈夫になり、健康になって、エネルギーにあふれているのがわかるからだ。そしてそれこそ、私が求めているもの……強く、健康で、エネルギーにあふれた体。

ヘルシーで栄養に富んだ食べ物を食べていると、脳までよく働くので、前よりずっと明晰に考えることができる。**正しい食べ物を食べている**ほうが、元気いっぱいで、楽しい気持ちになる。

正しい食べ物を食べるのに、意志の力は必要ない。ヘルシーで栄養のある食べ物は、とてもおいしく思えるから、意志の力とはなんの関係もない。**自分が食べるヘルシーな食べ物**の、味と舌触りのすばらしさに気づき、本当においしいことを実感する。

それに、ヘルシーな食べ物は、豊富な種類から選べる……いろんな種類の、おいしくて栄養のある食べ物を味わうのは楽しい。そういう食べ物には香り、ビタミン、そしてミネラルが詰まっている……そういうものを食べるのは気分がいい。

健康的な食生活……正しい食生活をしていると、自分を好きになる。正しい食べ方をしようと決意するとき、私は自愛と自尊心を感じる。そして正しく食べることは、自分にとって正しいことなのだ……健康にいい食べ物は、いちばん私自身のためになる。気分も外見もよくなる。だからこそ、私は健康的な食生活をする……そうしたときの気分がいいから。

想像してみよう。ありとあらゆる種類の食べ物が、うず高く積まれているテーブルの前に、私は座っている。テーブルの上には、脂肪や糖分の多い食べ物がたくさんあるが、とても栄養に富んだ食べ物もある。脂肪と糖分の多い食べ物を一口食べてみる。味はまあまあ……でも一口二口食べただけで、もうたくさんだとわかる。健康によくない食べ物は、しつこいか、油っこいか、甘すぎるだけなので、残りはごみ箱に捨てる。

次に私は、テーブルの上のヘルシーな食べ物に目を向け、そのうちの一つに手を伸ばす。よく知っている好物だ。口にすると、おいしくて、ヘルシーな味がする……食べ物はこういう味でなくては。それを食べていると気分がいい。飲みこむとき、幸せで自分が誇らしく思える。

それからまた、別の栄養に富んだ食べ物に手を伸ばす。今度は私がよく知っているものとは違う食べ物だ。それを食べると、新鮮でおいしい味がする。いろんな種類のヘルシーな食べ物を、ほどほどの量だけ食べるのは、楽しくて愉快だ。

私はゆっくり、徹底的に食べる。食べ物を口にするときは、必ず何回も噛(か)んでから飲みこむ。そうすれば、体が食べ物をうまく楽に消化できるとわかっているから。ゆっくり徹底的に噛むほうが、たくさんの栄養を食べ物から引き出せる。食べ方が速すぎることに気づいたら、必ずそれを意識する……そしてスピードを落とす。そうすることで、私はもっと食べ物を味わい、一口からもっと多くの利益を得ることができる。

私は必要な栄養をとっているので、自然に自分の体に適した量だけを食べている。それ以上は必要ない。それ以上は欲しくない。正しい栄養摂取のために、体が求める量きっかりの食べ物を食べる。そのあとは、また食べる時間になるまで、食欲はわかない。

そして適切な食べ物を、適切な量だけ食べていると、体が喜ぶ。免疫系がどんどん強くなる。前よりよく眠れる。活力と幸福を感じながら目覚める。ヘルシーな食べ物を食べていると、そういうふうに感じる。そしてそれは、私が感じたい感覚だ。だから、ヘルシーで栄養のある食べ物を選ぶのは、私にとってたやすいことだ。

覚醒

五まで数えると、私は催眠から覚める。五まで数えた時点で、完全に覚醒し、すっかり目が覚める。一……催眠から目覚め始めている。二……周りのことがわかってくる……満足と安心とゆとりを感じる。三……この催眠セッションの成果が楽しみだ。四……ものすごくいい気持ち。五……五……五……さあ、すっかり目が覚めて、完全に意識がはっきりしている。

効果的に肉体改造する

この暗示は、ウェイトトレーニング中の意欲と集中度を高め、厳しいトレーニングに挫折することなく、最大の成果を上げるためのものです。

私はトレーニングにやる気を出し、トレーニング中もっとがんばって、最大の成果を上げる。

私は今、たくましい体を手に入れる。ウェイトトレーニングで体を鍛えれば、願いをかなえられるので、トレーニングへの意欲が高まる。**定期的にトレーニング**しようという意欲が、毎日倍増していく。トレーニングに対する意欲が高まると、**もっと真剣にトレーニング**ができるので、すぐに成果が現れる。その成果は目ざましい。

私の体はいっそう調子よく、強くなり、適切な部位すべてが筋肉質になっていく。これは**もっと真剣に、定期的にトレーニングしよう**という意欲が高まった結果だ。

体が調子よく、強く、しまってくるにつれて、私は服を着たときも脱いだときも、自分の容姿が**好きになっていく。やる気を出した**成果を見ると、自分にふさわしいことをしたのだと、満足を感じる……本当にいい気分になれるから……自分には、目標を達成する**意欲**と、自制心があることがわかるから。

鏡をのぞきこんで、鍛えられた体に**大きな満足を感じる**とき、私は自分の容姿を変えたのだと満ち足りた気持ちになる。私は前よりセクシーに見える。もっと力強く見える。私は自分の肉体の可能性を最大にしているのだ。

二カ月後の自分を想像しよう。刺激的な**激しいトレーニング**のあと、鏡に映る自分を見ている。体の変化がわかり、その成果がとてもうれしい。適切な部位すべてに筋肉がしっかりついている……そして自分の体が、体格が、**とても誇らしく思える**。

この二カ月で、私の体がどれだけ変わったかについて、知人がほめちぎっている言葉が聞こえる。自分がなし遂げたことに気づいてもらえるのは、気分がいい。そして私は、自分が向上したことがうれしい……**高い意欲**をもって真剣にトレーニングを続けようと、**以前にも増して、やる気がわいている**。

休んでいるとき、私の潜在意識は体を回復させ、生き返らせる。私は催眠の力を借りて潜在意識に、**筋肉を最大限に発達させる**よう指示する……安全に、効率的に……もっと筋肉をつくり、もっと脂肪を燃やすように。眠っているとき、私の無意識が筋肉をつくる……これまでより大きく、強い筋肉にする。

これからはウェイトトレーニングをするとき、ものすごくやる気が出て、熱い思いが体中をかけめぐる。とても熱が入っているので、おもりが前より軽く感じられる。

私は十分なトレーニングをしている最中と、やり終わった後に感じる**気持ちがとても好き**だ。トレーニングの最中と後、エンドルフィンが体中をかけめぐっているときに感じる、**自然な高揚感**が好きだ。トレーニングをしているときは、**まさに生きていると感じる**。強さを感じるが、気持ちは落ち着いている。自分に対して自信と安心を感じる。**体に力が満ち**、生気があふれているのを感じる。

トレーニングが終わると、私の心はリラックスして、新たな活力をもらった気持ちになる。これがいちばんすばらしい気持ちだ。そのためにこそ、私はまた戻って来て、定期的にトレーニングをしたいと思うのだ。

トレーニングをしていると、解放感を覚える。その時間、ほかの仕事や責任をすべて忘れて、自分のために何かをすることができる……それは気持ちがいい。トレーニングは気持ちがいい。定期的にその気持ちを味わいたい……だから定期的にトレーニングをする……いい気分になるために。

私はトレーニングをする**必要は**ない……トレーニングを**したい**のだ。トレーニングが好きだ。体を動かすのが楽しい……体を動かすことが心と体におよぼす効果が気に入っている。

覚醒……………………………………………………

五まで数えると、私は催眠から覚める。五まで数えた時点で、完全に覚醒し、すっかり目が覚める。一……催眠から目覚め始めている。二……周りのことがわかってくる……満足と安心とゆとりを感じる。三……この催眠セッションの成果が楽しみだ。四……ものすごくいい気持ち。五……五……五……さあ、すっかり目が覚めて、完全に意識がはっきりしている。

もう先に延ばさない

この暗示は、日常の重要な仕事を片づける気にさせるためのものです。

今の私は、ぐずぐず引き延ばすのをやめ、時間どおりに物事を終わらせる。

これからは、タイムリーに**仕事を終わらせる**。自分のために**目標を設定**し、それを達成するための**スケジュールを守る**心構えでいる。私にはそれができる。個人的なことであれ、仕事上のことであれ、重要な問題すべてに注意を向けよう。私には、やるべき仕事に責任がある。やらなくてはならないことを、**先に延ばすのはやめ**だ。私はどんな仕事もこなせる。どんな活動も先延ばしにせず、やり遂げることができるのだ。

やらなくてはならないことがわかったら、私はすぐに行動する。大小さまざまな仕事を引き受けることに、ゆとりを感じる。効率よく効果的にこなせることがわかっているから。私は一生のうちに、**もっと多くのことをやり遂げる**だろう。自分がやるべきだとわかっていることをやる……仕事を一つひとつ、着実にやる。大きな仕事は小さく切り分けて、一度に一つずつなし遂げていく。だから、どんなプロジェクトを始めるときも、どうしていいかわからない気持ちにはならず、ゆとりと自信を感じる。

なかには楽しくない仕事もあるかもしれない……でも、どんな仕事も、早く始めるほど早く終えられることを、私は知っている。やり終えられるように、**今すぐ始めたい**。私は終わらせたい……その仕事のことを忘れて、自分の好きな仕事に取りかかれるように。

台所にいるところを想像しよう。洗わなくてはならない、汚れた皿が山になっている。本を読むか、テレビを見るかしたいところだが、私はその皿を一枚一枚洗うことにする。

最初は途方もない仕事に思える……なにしろものすごい数の皿だから。けれども皿を一枚一枚洗っていき、洗うべき残りの皿が減っていくと、大きな満足を感じる。皿を一枚洗うたびに、どんどん**満足感が増していく**……まもなく仕事をすべてやり遂げることがわかるからだ。

それはやらなくてはならない仕事であり、私自身の幸せのための仕事だ。そして今、最後の皿を洗っている私が見える。そうしていると、仕事をすべて片づけてしまうことが、どんなにいい気分かを実感する。その仕事は、私が想像していたほど大変ではなかった。私は効率よく効果的に、それをこなした……そして今、自分へのご褒美(ほうび)として、好きな本を読んだり、テレビを見たり、なんでも好きなことをしに行くことができる。

私は**今すぐ、ぐずぐず先に延ばすのをやめる**。私は、生涯に出合うどんな状況にも、対処することができるのだ。自分の責任をすべて**果たせるという思い**が、日に日に**強く**なっていく。効率よく、予定どおりに、**一つひとつの仕事をこなして**いこう。やりたいことだけでなく、やらなくてはならないことすべてに、潮時というものがあるのだ。

覚醒

五まで数えると、私は催眠から覚める。五まで数えた時点で、完全に覚醒し、すっかり目が覚める。一……催眠から目覚め始めている。二……周りのことがわかってくる……満足と安心とゆとりを感じる。三……この催眠セッションの成果が楽しみだ。四……ものすごくいい気持ち。五……五……五……さあ、すっかり目が覚めて、完全に意識がはっきりしている。

禁煙する

この暗示は、タバコをやめるために、喫煙を自制するためのものです。

私は、タバコを吸いたいという願望と欲求を断ち切る。

私は喫煙者ではない。世の中に喫煙者などいない。喫煙は行動だ。一部の人が、やると決めることだ。喫煙はアイデンティティではない。私は**二度と**、自分を喫煙者とは言わない。喫煙するにしても、**喫煙をやめる**にしても……私には力がある。

私には、自分に貼られている「喫煙者」という間違ったラベルを、今すぐはがす力がある。

思い浮かべてみよう。私の額に、薄汚い灰色の文字で「喫煙者」と書かれた、大きなラベルが貼ってある。そして今、私はそのラベルを額から引きはがしている。驚いたことに、それはとても簡単にはがれる。そして今、私はそのラベルを細かく引き裂いている。それは一筋の煙になって消えてしまう。

ラベルはもうない……**私はもうタバコに支配されていない**ことに気づく。実は過去にも支配されていなかったのだ。されていると私が思い込んでいただけ。けれども今、私は真実を知っている。私には力がある。私には支配する力があり、その力を使って、**今すぐ喫煙をやめる**ことができる。

私はタバコを吸わずに、吸いたいとも思わずに、くつろいだ落ち着いた気持ちになれる。タバコを吸わない人として、新たな解放感を覚えるし、解放されたことでリラックスした気分になる。**もうタバコとはさよなら**だから、きれいで新鮮な空気を吸おう。私の歯は前より白くなる……今、タバコを吸いたいという欲求が消えていくから。**前より健康で清潔だと感じる**……私はタバコを吸う必要があるという想像から、自分を解き放ったから。**タバコを買うのをやめる**と、楽しいことに使えるお金が増える。

タバコを吸わない私は、呼吸が日に日に楽になっていく。私の健康状態は自然によくなっていき、生きることへの新たな熱意と、驚くほどの自由と力を感じる。私はますます、自分の人生を自分の意のままにできるようになっていく……タバコを吸わないとは**はっきり決める**のが、いかに簡単かを知っているから。難しいだろうと思っていただけ。でも今は、**タバコを吸わない人になる**ことが、どれだけたやすいかを知っている。

自分の体に対して、ふさわしい配慮をするのは気分がいい。私の味覚は正常に戻り、**今、タバコを吸わない**私は、食べ物をおいしく感じる。タバコを吸わない私は、前より社会的に自由で、敬意を払われるとわかっている。だから以前より積極的に人とつきあおうという気持ちがある。

私はタバコから遠ざかる。想像してみよう。目の前には、中央に一本の線が引かれたテーブルがある。右側には、笑顔でとてもくつろいでいるような私の写真がある……とても健康そうで魅力的に見える。それはタバコなしの私だ。左側には、タバコの箱があるが、汚れてくすんで見える。

そして今、私は**すんなりタバコのそばを離れる**ことができる。健康で幸せそうな私自身が写っている写真を手に取る。それを胸にしまう……そして回れ右をして、テーブルから立ち去る……タバコから遠ざかっていく。後ろを振り向くと、タバコが置かれたテーブルが、どんどん小さくなっていく。健康で幸せな自分の写真を持っているのは、とても気分がいい……それはタバコを吸わない私だ。

そして、実はあきらめたものなど何もないことに気づく……そうでなく、私は健康を、自由を、自尊心を手に入れたのだ。その選択をするのは、とても簡単なことだった。絶対に禁断症状は起こらない。催眠のおかげで回避できる。私は自由だ。タバコは後に残していく。

高級レストランに行くところを想像しよう。案内係が「おタバコは吸われますか?」と訊く。少し誇らしげな「吸いません」という私の声が聞こえる。

するとサービス係は、レストランの豪華な一角に案内してくれる……空気はきれいで、おいしそうな食べ物の匂いが漂っている。タバコを吸わない人として、快いもてなしを受けるのはとても気分がいい。

食べ物が運ばれてくると、タバコを吸わない私は、自分の好きな料理の味を、以前よりはるかによく味わえることに気づく。**タバコをやめて**はじめて、食べ物や人生の楽しみを、これまでどんなにたくさん逃してきたかを悟った。家族や友達と一緒にテーブルについていると、タバコを手にしなくても、とても落ち着いたくつろいだ気分で、おしゃべりしているのがわかる。

安心を感じるのに、もうタバコは必要ない。そして自分や自分の性格が好ましく思える……タバコを吸わないほうが、**ずっと魅力的な気がする**。タバコを吸いたいと思うことなく、すっかり満足して、私は食事を終える。

私は手にタバコを持っていなくても、心安らかでくつろいでいる。私は自分の人生を、体を、そして行動をコントロールしている。禁煙の結果、私の自信は深まる……そしてそのおかげで、食行動をコントロールできるようになり、食べすぎることはない。むしろ、ふつうに食べて、適度な量の食べ物を味わっている。タバコを吸わない私は、以前より自由で、人生を意のままにしている。

自分の人生と行動を意のままにできるのは、とても気分がいい。なんの助けも借りずに、ゆとりと自信を感じる。タバコがなくても、魅力的で人づきあいがいいと感じられる。

タバコを吸いたいという欲求を、深く息を吸って肺に空気を満たしたいという欲求に取り替える。深呼吸をすると、無意識のうちに、リラックスして充電できたと感じる。そもそも私が本当に求めていたのは、それだけなのだ……リラックスして充電できたと感じること。今の私は、タバコがなくてもそう感じられることを知っている。

周りにタバコを吸っている人がいても、まったく気にならない。それどころか、自分が強くなった気がして、誇らしい気持ちになるだけ。目の前でタバコを吸われても、その人たちが気の毒に思えるだけ。彼らは問題を抱えていて、私のようにはそれを克服できていないのだ。彼らにタバコを勧められても平気だ。その誘いを「いいえ」と断わるたびに、私は満足感を覚え、自分の中の強さを感じる。

私は今、タバコを吸わない人間だ。古いラベルはない。私はタバコに支配されていない。本当はこれまでもされていなかったのだ。されていると思っていただけ。でも今私は、真実を知っている。自由なのは気持ちがいい。健康なのはすばらしい気分だ。選択するのは簡単。もっと幸福に自由になるために、私はタバコを吸わない人間になり、そのままでいることにする。

覚醒

五まで数えると、私は催眠から覚める。五まで数えた時点で、完全に覚醒し、すっかり目が覚める。一……催眠から目覚め始めている。二……周りのことがわかってくる……満足と安心とゆとりを感じる。三……この催眠セッションの成果が楽しみだ。四……ものすごくいい気持ち。五……五……五……さあ、すっかり目が覚めて、完全に意識がはっきりしている。

禁煙を続ける

この暗示は、「禁煙する」を三回から五回実行したあとで使うためのものです。三回から五回、またはタバコをやめられるまで、この暗示文を使ってください。

私は今も、これからも、タバコは吸わない。私は今、どんな形のタバコもまったく吸っていない。喫煙は私の過去、喜んで捨てられる過去だ。私の健康、人生、そして幸福にとって邪魔物だった。私は今、タバコを吸わないので、この邪魔物は永久に取り除かれた。

タバコは私の友ではなかった。過去には友だと思っていたかもしれない。でもそれは、タバコがゆっくり、だが確実に、私を毒していることに気づくまでのことだった。

私に毒を盛る友など、本当はまったく友ではない。他人に毒を盛る人は、人殺し、殺人犯だ。そして私には、殺人犯の友はいない。私に毒を盛ろうとする友など欲しくない。そういう人は友ではないから。絶対に友ではなかった。喫煙は私の敵だ。私は敵に気づき、毒の入っているタバコの見かけにも、包装にも、広告にも、もうだまされはしない。

喫煙には魅力的なところも、セクシーなところもまったくない。今の私には、タバコを吸う人がとても愚かに見える。それどころか、紙とタバコの小さな筒を、手や唇からぶら下げている人を見ると、笑いたくなってしまう。実にばかに見える。臭い息も、汚れた歯や指先も、セクシーではない。タバコを吸うとそうなるのだ。タバコを吸っていると、どんなにこっけいに見えるか、それを知らずに吸っている人たちを気の毒に思う。彼らがロボットのように火をつけることを、私は知っている……彼らはまだ敵に気づいていない……自分を毒している愚かでばかげたタバコに、自分を支配することを許しているのだ。

私は何ものにも自分を支配されたくない。私は自分で自分を支配する。私はタバコに支配されたくない。喫煙に支配されたくない。

そして今の私は、自分が口に入れるものを、完全にコントロールしている。タバコも、どんな形のニコチンも、まったく欲しくない。私は完全に自由だから、喫煙に「いやだ」と言うのはたやすい。楽しい時間を過ごすためには、自分の機知と魅力に頼るほうがいい。細い毒の筒ではなく、背の高いグラス一杯の純粋な水で、リラックスするほうがいい。

タバコを吸う代わりに、純粋な水をたくさん飲む。水は私の体を解毒してくれる。健康な体に対する責任を、思い出させてくれる。そしてこれからは、間食する場合、新鮮な果物をおやつにする。新鮮な果物を食べるのも、体の毒素を抜くことになり、一日の息抜きとして楽しめる。

六カ月後、休暇中の自分を想像しよう。私は美しい海岸を、愛する人と歩いている……私を愛してくれる人だ。ビーチを歩いている私は、満面の笑みを浮かべている。この六カ月間、タバコを吸いたくなかったし、その必要もなかったことを自覚しているからだ。それどころか、自分がタバコを吸っていたこと自体、信じがたい。タバコを吸っていたのは、知人の誰かのような気がする。

今、私はとても幸せだ。健康だと感じる。以前よりはるかに堂々と、はるかにうまく、この愛する人との関係を楽しむことができる。美しい海の水を爪先ではねる。私の目は明るく澄んでいる。私の匂いは清潔で、さわやかで、自然だから、体を寄せ合って抱きしめるのも気にならない。とても長い間感じていなかった、自由ではつらつとした気分だ。私は健康で、幸福な、タバコを吸わない人間だ。そしてタバコを求めることは二度とありえない。

持ち物、家、車、あるいは職場に、タバコや灰皿が少しでもあったら……私はそれを取り除く。捨ててしまう。それが本来あるべき場所、ごみ箱の中に投げ入れる。そうするとき、信じられないような内面の強さと誇りを感じる。

タバコを捨て去ることは、命にかかわる喫煙習慣と自分とを、最終的に永久に断ち切ることを意味する。捨て去るとき、はっきりと強い調子で、声に出して言おう「せいせいした！」　それはとても気分がいいだろう。この催眠セッションが終わったらすぐにやろう。喫煙は過去のものなのだから。タバコにはうんざりだ。そして今、私にはコントロールする力がある。

覚醒……………………………………………………

五まで数えると、私は催眠から覚める。五まで数えた時点で、完全に覚醒し、すっかり目が覚める。一……催眠から目覚め始めている。二……周りのことがわかってくる……満足と安心とゆとりを感じる。三……この催眠セッションの成果が楽しみだ。四……ものすごくいい気持ち。五……五……五……さあ、すっかり目が覚めて、完全に意識がはっきりしている。

夫／妻を大切にする

この暗示は、あなたが配偶者に感じるいら立ちを取り除き、ポジティブな感情を高めるためのものです。利用にあたって、○○○にはすべて、あなたの夫または妻の名前を入れて読んでください。

私は○○○にもっと優しくしたい。今の私は、○○○にもっと優しい。

私は今、○○○に対するいらいらした気持ちを捨て去ることにする。私は人間関係に満足したい。人間関係に調和が欲しい。だから○○○を愛する、温かい気持ちを取り戻すのだ。

とるに足りない嫌なことを考えるのはやめる。そういう考えは消える……晴れた暑い日の小さな水たまりのように、消えてなくなる。その代わり○○○がもっているすばらしい資質に気持ちを集中しよう……一緒に過ごした、たくさんのすばらしい時間に……二人で分かち合った、笑いとすてきな気分に。○○○はよいことをたくさんしている……そして私は今、○○○のすてきな行いや有益な行動を、すべてはっきり理解し、認めるようになる……私のためのことも、ほかの人のためのことも。○○○は本当にすばらしい。だからこそ、そもそも私は○○○を選んだのだ。

ここで振り返ってみよう……最初に出会ったときのこと……最初のデートのこと……今日のことのようによみがえる。○○○に対して感じていた気持ちが。ただ○○○を見るだけで、私は舞い上がるような気持ちになった。ただ○○○と一緒にいるだけで、わくわくした。○○○のびっくりするようなところがわかっていた。実は今でもそうだ。

私は**何も求めなかった**……そして○○○を一人の人間として完全に受け入れていた。どれだけの愛を心から感じていたか、私は覚えている。どれだけの愛を今でも感じるか、今私は思い出す。今まで忘れていた……本当はどれだけ○○○を愛しているか。○○○への私の接し方は、いつも完璧とは限らない。間違いをおかすこともある。私の取る行動、習慣……私の言うこと……それらが理想的ではない場合もある。でも私は、自分が完璧とは限らないことを認める……だから、○○○も完璧とは限らないことを認める。

私は私のできる限り最善を尽くしている。○○○は○○○のできる限り最善を尽くしている。私は自分が人間であることを許し、○○○が人間であることを許す。もしも○○○が完璧だったら、ひどいことになるだろう。私も完璧でなくては、というものすごいプレッシャーがかかるだろう。そうではなく、そういうプレッシャーを取り払って、私たち二人とも変な癖があっていいのだと、認めるべき時期なのだ。そういう癖があるから、私たちは人間らしくて……魅力的で……互いに愛情を感じるのだ。今は欠点さえも、○○○に対する思いやりと深い愛情の源になりえる。

私は○○○に寛大になる。○○○にもっと優しくなって、もっと理解を示す。乱暴な言葉は慎む。自分が思いやりのないことを、言ったりやったりしているのに気づいたら○○○にあやまる。私は○○○に深い愛情と温かい気持ちを感じる。そして今その愛情を、リラックスした優しい態度で示す。

これからは、○○○のいるところで自分が緊張したり、いらいらしたり、わずらわしいと感じていると思ったら必ず、そういう感情をしっかりと意識する。それから深く息を吸って、ゆっくりと吐き出す。そうすると、○○○に対するネガティブな感情も吐き出されていく。○○○に対する自分の気分が、すぐによくなるのがわかる。

○○○が私にとってどれだけ大切か、○○○がどれだけたくさんのすばらしいことを、言ったりやったりしたか、私は覚えている。○○○にいらつく必要はないことがわかる。その代わり、自分の考え、言葉、そして行動を通して、○○○への愛情を輝かせていいのだ。

私は○○○を愛している。○○○を尊敬している。○○○を大切に思う。私は人となりすべてを見る。○○○に優しい気持ちを感じている。私は○○○への温かい気持ちを表現したい。

覚醒

五まで数えると、私は催眠から覚める。五まで数えた時点で、完全に覚醒し、すっかり目が覚める。一……催眠から目覚め始めている。二……周りのことがわかってくる……満足と安心とゆとりを感じる。三……この催眠セッションの成果が楽しみだ。四……ものすごくいい気持ち。五……五……五……さあ、すっかり目が覚めて、完全に意識がはっきりしている。

何事にも自信をもつ

この暗示は、人生のあらゆる場面で自信をもつためのものです。

私は自分が言うこと、やることすべてに、**完全に自信を感じる**。

私は新しい仕事を気持ちよく受ける……**今、自信をもとう**と決心する。自信をもてるようになると、どんな状況でも落ち着いて、リラックスしたままでいる。**もっと自信**がついてくる……すると、どんどん緊張を感じなくなっていき、私の本当の個性が輝きを放つようになる。

今、私が**自信をつける**と、私の体はもっと強く、もっと落ち着いて、もっと健康になる。今、自信が深まっていくと、毎日あらゆる面で、私の人生は上向いていく。私はリラックスして、自分の能力と知性を信頼する……**完全に落ち着いて**、**完璧な自信**をもって。これからは人のせいでいらいらしたり、自分を疑ったりしない。なぜなら私は、自信で自分を守っているから。

強い自信を感じると、どんな活動にも完璧に集中し、心から楽しむことができる。自分に対するこの**おおらかな態度**を身につけると、何であれ、自分のしていることや言わなければならないことに、焦点が合う……自分に、ではない。自信をもっている今の私は、リラックスして、前より理路整然と考える。恐れることなく、新しい活動を開始する……全面的に自信を感じているから、不安とはさよならだ。

私は失敗を恐れる気持ちを解き放つ……自信が私の新たな生き方だから。すべてのマイナス思考は洗い流され、自分への信頼に取って代わられるのだ。もう誰にも踏みにじられるものか。今感じている自信のおかげで、私は自力で立ち上がれるから。自信に満ちあふれると、自尊心が大いに強くなる。

想像してみよう。この催眠セッションのあと、私は立ち上がり、前より強くなり、力があふれているのを感じ、自信に満ちている。部屋を横切る私が見える……そして私は、新たに確立した自尊心をもっている。鏡の中の自分を見る。別人のようだ。姿勢がいい。顔に純粋な自信が表れている。リラックスして大胆に見える……ゆとりがあって、自信ありげだ。

「覚醒」の五を読むまでに、私は映画で役を演じているように、行動するようになる。完全に自分に自信をもっている人物を演じているのだ……ゆとりがあり、絶対的な自信をもっている。話すときや行動するときは必ず、力があふれているように振る舞おう。絶対的な自信があるように行動しよう。自信があるように振る舞っていると、だんだんにその自信が、本当に私の性格の一部になっていくことに気づく……私はこれから、**いつも強い自信を感じる**。

覚醒

五まで数えると、私は催眠から覚める。五まで数えた時点で、完全に覚醒し、すっかり目が覚める。一……催眠から目覚め始めている。二……周りのことがわかってくる……満足と安心とゆとりを感じる。三……この催眠セッションの成果が楽しみだ。四……ものすごくいい気持ち。五……五……五……さあ、すっかり目が覚めて、完全に意識がはっきりしている。

きれいで健康的な肌になる

この暗示は、肌のトラブルを減らし、肌の全体的な状態をよくするためのものです。具体的な皮膚病の名前を挙げているところでは、自分の状態に適した別の言葉に代えてもかまいません。

私の肌はきれいで健康だ。

私はもっと魅力的に見えるようになりたい……今、私の肌はきれいになり始め、健康になっていく。そうなるにつれ、血行がよくなる……きれいで、健康で、魅力的な肌に必要な血液と栄養を、肌全体に供給している。吹き出物や炎症の兆候はすべて消えていき、私の**肌はしなやか**で正常だ。私の肌には**栄養が行きとどいて**いる。健康できれいな状態を保つのに、ちょうどいい水分を含んでいる。これから私の体は、もっと効率的に老廃物を処理し、肌に吹き出物をつくらないようになる。

肌がきれいで健康だから、私は自信をもって鏡をのぞく。炎症や**吹き出物のない**肌なので、自然に前より魅力的な気がして、もっと社交的になる。自分の肌のことは、だんだん気にならなくなる……すべすべできれいになり、その状態が続くからだ。

三面鏡の前に立っているところを想像しよう。いろんな角度の自分の姿が見える。鏡に映る自分を見ると、顔と胸にはしみ一つなく、**ぴちぴちした肌**が……健康そうに輝いている。背中を見ると、きれいで色つやがいいのがわかる。頭のてっぺんから足の先まで、肌のあらゆる部分が健康で、吹き出物は一つもない。私の肌は美しく、きれいで、健康だ。

環境的な要因に対して、私の肌は前ほど過敏ではない……**反応しにくく**なっている。私の潜在意識は今、吹き出物をつくること以外に、体の老廃物と毒素を排出する健全な方法を見つける。

日を追うごとに、私はリラックスし、どんどん**ストレスを解消**できるようになるので、私の肌は**どんどんきれいになっていく**。私は自分を偉いと思うし、自分に満足している。自分を完全に受け入れる……私の肌のトラブルは必要ないし欲しくもない。私の肌はどんどんきれいになっている……静かな山の湖のように。

私は自分の容姿について、もっとゆとりができる。自分の人生に対して、リラックスして落ち着いた気持ちだ。心の中の緊張をすべて消してしまおう……だから一日中、穏やかで落ち着いた気分だ。そして心が穏やかで落ち着いているから、体も穏やかで落ち着いている。体が穏やかで落ち着いているから、もう肌に吹き出物はいらない……ストレスは消えてしまったから。心から消え、体から消えた。万事順調だ。いい気分で、自分が健康だと感じる。だから**私の肌も、いい気分で健康だと感じる。**

覚醒……………………………………

五まで数えると、私は催眠から覚める。五まで数えた時点で、完全に覚醒し、すっかり目が覚める。一……催眠から目覚め始めている。二……周りのことがわかってくる……満足と安心とゆとりを感じる。三……この催眠セッションの成果が楽しみだ。四……ものすごくいい気持ち。五……五……五……さあ、すっかり目が覚めて、完全に意識がはっきりしている。

テストで実力を出す

この暗示は、試験中の不安を和らげ、記憶の想起力と集中力を高めるためのものです。勉強の代わりにはならないので注意してください。

私はテストや試験の間中、リラックスして集中する。

私はテストで、できる限り最高の点数を取りたい。自分の真の実力を出したくないという、心の中の欲求は、すべて断ち切りたい……そしてすばらしい成績を上げることへの、欲求と意欲を高める。

どんな試験のときも、体をリラックスさせていいのだ。私の体は、試験の前も、最中も、後も、まったく安全だ。今までは、私が不安がるので、体が混乱していたかもしれない。私の体は、何か健康に差し迫った危険があると思わされていた。警戒態勢に入り、高度な思考能力を遮断することが、私のためになると考えていた。

でも今、私は体に、どんな筆記試験の間も、私たちに生死の危険はないのだと教えている。テストでうまくやりたいのは確かだけれど、どんな試験も、私が生き残れるかどうかには関係ない。だから私はこれから、テストの前と最中に、無事だというメッセージを体に送る。

どんなテストを受けるときも、完全に落ち着いた気持ちでいる。試験中、周りに気をそらすものがあっても、私の集中力は乱されない。気をそらすどんなものも、私は無視する。私自身の思考の流れは、目の前の試験の問題と答えに集中したままだ。私は自信をもって、**落ち着いて、集中する**……試験問題を手に取った瞬間から、答案を採点してもらうために提出するまで。

私は問題解決能力だけでなく、**記憶力もすばらしい**。私には知識を**思い起こす優れた能力**があり、テスト中リラックスしていれば、知識を楽にたぐり寄せられる……私の卓越(たくえつ)した、**アクセスしやすい記憶**から。私の顕在意識と潜在意識は、試験中ずっと密に連携し、テストのどんな問題にも、協力してうまく答えを出す。

試験会場に入っていくところを想像しよう。リラックスして落ち着いた気分だ。試験勉強をしたので、この試験はばっちりできるという、**自信と安心感**がある。

座って試験問題を見ると、急に気持ちが静まって集中していく。頭がすっきりして、試験の問題一つひとつに、**楽に集中**できる。各問題を読むと、すんなりすぐに答えを思いつく。問題をすべて終えても、答えを見直すだけの時間があるところまで想像できる。潜在意識のおかげで、試験中ずっと、**落ち着いた気持ちで集中していられる**……そして試験問題に正しく答えるのに必要な情報を、すべて思い出せる。

試験を受けるために席に着き、背中に椅子が当たるのを感じると、私は無意識のうちに、**気を静めて集中する**……集中力と記憶をたぐる力が高まる。背中に椅子が当たるのを感じると、試験でうまくやるのに**理想的な精神状態**になれる。

覚醒……………………………………

五まで数えると、私は催眠から覚める。五まで数えた時点で、完全に覚醒し、すっかり目が覚める。

一……催眠から目覚め始めている。二……周りのことがわかってくる……満足と安心とゆとりを感じる。三……この催眠セッションの成果が楽しみだ。四……ものすごくいい気持ち。五……五……五……さあ、すっかり目が覚めて、完全に意識がはっきりしている。

記憶力が鋭くなる

この暗示は、思い出す能力を高めるためのものです。

私には、すべてのことをはっきり思い出す能力がある。

たった今から、私の記憶力は急激によくなる。物事を忘れたいという欲求は、すべて捨て去る。会ったことのある人なら、どれくらい前から知っているかに関係なく、楽に**名前を思い出せる**。すぐに**日にちと場所を思い出す**。ずっと前に起きたことを、苦もなく思い出す。ちょっと前に起こった**出来事を思い出す**……細大漏(さいだいも)らさずに。必要なときには**なんでも思い出せる**と、私は自分の記憶力を信頼している。

私の頭は完璧に働いている。私の記憶はまったく薄れていない。私の脳はビデオレコーダのように、見たこと、聞いたこと、味わったもの、触ったもの、感じたことをすべて記録している。思いついた考えもすべて保存している。私の脳には情報が詰まっていて、私はそこにあるものをなんでも自由に取り出せる。それは私の頭であり、私の脳だ……私が求めるとき、あるいは必要とするとき、情報をたぐり寄せる頭脳の能力を活用することにしよう。私の短期記憶は、正確で鮮明だ。私の長期記憶は、必要なときのために控えている。

これからは、何か情報を思い出す必要があるときはいつでも、ただリラックスするだけで、保存されているものが生き生きと、鮮明に、私の潜在意識に浮かび上がってくる。あらゆる出来事や情報を思い起こす私の能力は、日ごとに強く、敏速になっていく。

自分が知っているありとあらゆることを思い出す能力に、私はますます自信がついてくる。私はとても頭がいい。私の頭脳は鋭くてパワフルだ。私は記憶力も、それを利用する能力も抜群なのだ。私は今、**鋭い記憶力**の持ち主だ。

私の記憶はビデオレコーダに似ている。私が目にするもの、耳にするものをすべて記録する……細部まで残らず。記憶を呼び起こすのは、家にあるビデオの「再生」ボタンを押すようなものだ。記録したものをすべて、すばやく簡単に再生できる……見たり聞いたりしたもの何でも。

私の頭は無限のメモリーを搭載した、非常に精巧なコンピュータに似ている。これまで頭に入力したものはすべて、そこのメモリー装置の中に入っている。キーワードを考えるだけで、どんな記憶、どんな情報にもアクセスできる。私の頭は巨大な高速コンピュータのようなものだ。私は**すんなり楽々と情報をたぐり寄せられる**。

覚醒

五まで数えると、私は催眠から覚める。五まで数えた時点で、完全に覚醒し、すっかり目が覚める。一……催眠から目覚め始めている。二……周りのことがわかってくる……満足と安心とゆとりを感じる。三……この催眠セッションの成果が楽しみだ。四……ものすごくいい気持ち。五……五……五……さあ、すっかり目が覚めて、完全に意識がはっきりしている。

免疫力が高くなる

この暗示は、健全な免疫系をサポートするためのものです。

私は、病気を撃退する免疫システムの機能を強化する。

私は**健康**でありたいし、幸せになりたい。順調な人生を送りたい。私は人生のあらゆる面で、自分に力を与える。免疫システムも例外ではない。襲ってくる生体を撃退するために、私は今、免疫システムの効果を最大にする。

私の体は王国のようなものだと考えよう。私は自分の王国を、健全で調和のとれた状態にしておきたい。私は王国の支配者だ……そして配下には、侵略してくる敵と戦って王国を守る、戦士細胞の大軍がいる。

想像してみよう。私は剣で武装した兵士に似た、特殊な細胞を派遣する……侵略者である好ましくないウイルスを探させるのだ。私の兵士たちは賢い。

次に私の軍隊、免疫細胞の兵士たちを招集する。彼らは特別な軍隊だ……非常に強く、とても力がある。今も**新しい免疫細胞の兵士が生まれ**、訓練されている。私は今からもっと免疫細胞の兵士を養成する……侵略者、招かれざる野蛮なウイルスを、攻撃するよう訓練されている軍隊だ。

私の免疫細胞の兵士は、見つけた**侵略者を始末する**……すばやく、プロの手際で……そして王国には平和が戻る……私の王国……私の体の王国。免疫細胞の兵士が侵略者を排除し終えたら、私は戦闘を終えた彼らを落ち着かせるために、特別の伝令を送る……そして兵士たちを帰還させる……次の戦闘にそなえて休めるように。

私の健康は大切だ……それは私が重要な人間だから。私は有能で、自分の真価がわかっている。私は健康と繁栄に値するのだ。自分がどういう人間で何をしているか、私には自信がある。私がいるから、世の中はよりよい場所になっている。私はよい人で、よい扱いを受けるに値する……敬意を払われる価値がある。私は自分に手厚くするべき……自分の体を大切にするべきだ。

今の私は、**完璧で健康な免疫システム**を備えていのだ……完璧に**健康な免疫システム**を。私の免疫システムは完璧に機能する。私の心は、潜在意識を作動させて、体の中に申し分ない調和を生み出す方法を知っている。私の潜在意識は今、意識下の作用を働かせ、**申し分ない健康**と調和をつくり出す。今、完全な健康と調和を。

覚醒

五まで数えると、私は催眠から覚める。五まで数えた時点で、完全に覚醒し、すっかり目が覚める。一……催眠から目覚め始めている。二……周りのことがわかってくる……満足と安心とゆとりを感じる。三……この催眠セッションの成果が楽しみだ。四……ものすごくいい気持ち。五……五……五……さあ、すっかり目が覚めて、完全に意識がはっきりしている。

病気が早く治る

この暗示は、病気やケガに対する体の自己治癒力を高め、早くよくなるようにするためのものです。

私は、体が自分で完治する力とスピードを、ぐんとアップさせる。

私の心は体をコントロールしている。私の潜在意識は、病気やケガを自分で治す体の能力を管理している。私の潜在意識は、私の体が自分で治すスピードを管理している。催眠状態のとき、私は自分の潜在意識に、体を完全に治すよう指示することができる……効率的に……**もっと早く治す**ように。

私は今、潜在意識に命令する……もっと効率よく、**私の体を治す**ように。猛スピードで**病気を克服**する能力を、安全に高めるよう、自分の心に指示する。

私はこれから、**すばやくケガを克服する**。私は心に指示する……体に命じるのだ……ケガを早く治すように……これからは**もっと早く、健康な細胞を取り戻し**、再生するように。さあ、健康な細胞をもっと早く再生しよう。今の私は、前より早く病気やケガを克服する……これからはもっと効率的に。

私の潜在意識は、私の体がもっている力を活用する……生物学者か化学者のように。私の潜在意識は、自分自身の生物学の権威だ。私の潜在意識は、私の体の化学の権威だ。**早く治る**のに必要な化学物質を……その適切な分量を……正確に知っている。

私の潜在意識は、研究室にいる科学者のようだ……私の体という研究室にいる。科学者の姿が見える……生物学と化学の天才だ。その科学者は大きな実験室を持っている……そこは広い薬品室につながっている……私の体の薬品室だ。私の体には、必要なあらゆる化学薬品とあらゆる細胞がそろっている……必要とされるどんな物質も細胞も、つくることができる……専門家のように。

思い描いてみよう。私の体の中の科学者が、一生懸命仕事をしている……科学的な機械や装置を使っている……顕微鏡で、私の体の細胞を注意深く検査して……どの化学薬品を試験官で混ぜ、調合するかを決めている……私の体全体が**すばやく回復**し、早く治る条件を整えるために。見ていると、科学者は解毒剤を発見する……即効性のある調合剤だ……そしてよく効くその混合薬を、長い管に注ぐ……その管は、すばやく効率的に回復する必要がある、私の体の部位につながっている。その調合薬は今だけでなく、将来のケガや病気すべてにずっと効く……だから私は、いつもすぐに治る——私は**すばやく回復する**。

早く**完全に健康を回復する**……そのための条件を整えろ、という私の指示に、私の潜在意識は従う……そして私の体のあらゆる細胞に、メッセージを送る。

覚醒

五まで数えると、私は催眠から覚める。五まで数えた時点で、完全に覚醒し、すっかり目が覚める。一……催眠から目覚め始めている。二……周りのことがわかってくる……満足と安心とゆとりを感じる。三……この催眠セッションの成果が楽しみだ。四……ものすごくいい気持ち。五……五……五……さあ、すっかり目が覚めて、完全に意識がはっきりしている。

問題を解決する創造力をもつ

この暗示は、具体的な問題を解決するために、創造力のある潜在意識を喚起するためのものです。利用にあたっては取り組むべき問題を一回に一つだけ選びます。○○○にはすべて、その問題や課題の名前を当てはめて読んでください。

私は○○○のための創造的解決策を思いつく。

私はとてもクリエイティブだ。私は、自分自身の心がもつ、問題の**解決策を見つける**力を信じている。私はこれから、○○○に関する解決策を見つけるために、自分の心の**もてるものを利用**し始める。どんな問題にも解決策はある……いや、解決策は一つではない。私の頭は独自の方法で、さまざまな考えをまとめ上げ、○○○の解決策を提供することができる。

どんな問題も、実はチャンスなのだ。これは私にとって、○○○への道を見つけるために、**もっと脳の力を活用する**チャンスだ。力を発揮する好機であり、チャンスであり……私は**独創的な答え**が心の内側で生まれ、顕在意識に出てくるのを期待して待っている。

今、答えが出てくる……浮かび上がってくる……深い池の底から……水面に浮上してくるかのように……私が必要とする答えが明らかになる……楽に早く手に入れたい解決策が。

今夜眠るときのことを想像しよう……私の潜在意識が……その問題に取り組んで、朝にはすばらしい解決策を運んできてくれる。解決策は夢の中に現れるかもしれないが、私はそれを覚えている。さもなければ、答えを単純にふと思いつく……だしぬけに……一日のどこかの時点で。そして私には、私の潜在意識が……内面の資質を利用して……その答えを見つけ、私に明かしてくれたのだとわかる。それが私にはとてもうれしい。

私にはわかっている。私の顕在意識と潜在意識がいかにうまくコミュニケーションをとり、協力しているか……そして私が望むものを何でも……楽に早く手に入れたいものを、何でも提供してくれる。

想像してみよう。私は今、とても効率のよい会社の社長で、従業員はみな独創的な天才だ。その天才たちは夜通し働くことが大好きだ。私が眠っている間に働く。生粋の天才を擁する私の会社には……翌日配達システムがある。私は生粋の天才たちに、○○○についての**解決策を見つける**ようにと指示を出す。解決策を見つけたら、私に送るように依頼する……翌日配達の速達で……明日私に届くように……明日確実に……目覚めたらすぐに。

私は元気になり、リラックスして目覚める……天才のスタッフたちを信じている……見事な解決策を見つけて、それを私に**教える**準備が整っている、と。私には今、○○○の解決策がある。

覚醒……………………………………

五まで数えると、私は催眠から覚める。五まで数えた時点で、完全に覚醒し、すっかり目が覚める。一……催眠から目覚め始めている。二……周りのことがわかってくる……満足と安心とゆとりを感じる。三……この催眠セッションの成果が楽しみだ。四……ものすごくいい気持ち。五……五……五……さあ、すっかり目が覚めて、完全に意識がはっきりしている。

もっとお金を稼ぐ

この暗示は、お金を儲けることへの積極性と自信を高め、お金についてのネガティブな考えを排除するためのものです。

私には金銭的収入を増やしたいという、強い欲求と意欲がある。

今私は、お金や、**もっとお金を儲ける**自分の能力について、限界を定めるような考えをもつのをやめる。今から、自分はもっとお金を儲けるのだと信じることにする……**もっと稼ぐ**のだと。自分自身のため、そして他人のために、私はお金を使う。お金は善でも悪でもない。お金をよいものにするのも、悪いものにするのも、使い方次第だ。

私は、自分がよいお金の使い方をするものと信じている。私はもっと金持ちになれるし、もっと気前よくすると決めることだってできる。**もっと金持ちになれば**、私はもっと太っ腹になれる……そしてお金を使ってよいことができる。

欲しいものを自分に奮発する……私にふさわしいものを。欲しいもの……必要なものを手に入れたい……そういう願望や欲求に応じるために、もっとお金を欲しがること……それは自然だし、よいことだ。私は欲しいものをもてる。

私は、想像できるどんなものでも**もつ資格がある**……他人の欲しがるものをその人から奪うことなく、それを手にできる。実際、たくさんのお金が手に入るほど、たくさんのお金を使うことができる。お金を使うとき、私は誰かほかの人にそのお金を渡す……だからその人は、自分の欲しいものに使うお金を、もっとたくさん手に入れることになる。

だから私はもっと金持ちになり、欲しいものを手に入れることで……他人が自分の欲しいものを手に入れる手助けをしている。そしてそれはよいことだ。私は自分自身を助け、他人を助けることができる……**もっとお金を儲け**たら。私はもっとお金を稼ぎたい。

城の中にいるところを想像しよう。目の前には銀製の豪華なドアがある……宝石がちりばめられている。私は鍵を使ってドアの錠をはずす。ドアを開けると、**今そのドアを開けると**……そこは宝物室だ。部屋いっぱいに並ぶ宝箱からは、金貨と銀貨があふれ出ている……ルビー、エメラルド、サファイヤ、その他の貴重な宝石が光を放っている。ダイヤモンドでできたシャンデリアが下がり……金貨や宝石に反射するまぶしい光にはびっくりだ。その部屋の装飾はみごとで、壁には王族を描いたタペストリーが並んでいる。そしてもっとよく見ると、私がタペストリーに描かれている。**私は王族なのだ**！　この宝物室も、そこにある何もかも、私のものだ。

部屋の真ん中の、おいしそうな食べ物がどっさり並んだテーブルの上に、大きな金のゴブレットが置かれている。その金のゴブレットを手に取る……磨き上げられた金に映る、堂々とした自分の姿が見える。私は金のゴブレットで飲む……金持ちの料理はおいしい。私はとても気分がいい……幸福を感じる……自分の宝物室を見つけたから――ここにあるものはすべて私のものだから。

私は豊かな世界に生きている。私はその豊かさを味わっていいのだ。私には、豊かな富がさまざまな形で周りにあるのがわかる。そして私はその富を、ふんだんに手にしていいのだ。この豊かさには、金品が含まれている。私が自由に受け取れば、自由に他人に与えることができ、彼らも地球と宇宙の豊かさを共有できる。私は喜びと感謝の念をもって、もっとたくさん与えられるものを受け入れる。

私は喜んで**お金を儲ける**。お金を儲けるチャンスをいつでも利用する。慎重に、賢く、お金を儲けるための決断を下す。お金を手にするのに必要な、人と機会を引き寄せる。頭の回転が速いので、欲しいものを手に入れられる。私は欲しいものを手に入れる。私は欲しいものを手に入れる……欲しいだけの量を……道徳と倫理にのっとった方法で。

今私は、もっと金銭的に豊かになり、**もっとお金を儲ける**のに必要な、考えと態度を育てる。自分の創造性に導いてもらおう……もっとたくさんお金が入る道へと。

覚醒……………………………………

五まで数えると、私は催眠から覚める。五まで数えた時点で、完全に覚醒し、すっかり目が覚める。一……催眠から目覚め始めている。二……周りのことがわかってくる……満足と安心とゆとりを感じる。三……この催眠セッションの成果が楽しみだ。四……ものすごくいい気持ち。五……五……五……さあ、すっかり目が覚めて、完全に意識がはっきりしている。

PART 3

もっと自己催眠を知るために

Instant Self-Hypnosis

6章 書くクイック自己催眠

クイック自己催眠については、互いに密接に関係している二つの発見がありました。〝文章を読んでいるうちに催眠状態になる手法〟を発見した経緯については、すでにお話ししました。この章では、もう一つの発見、〝文章を書いているうちに自分を催眠状態にできる方法〟のことをお話ししましょう。

書いているうちに催眠状態に！

書いているうちに自分を催眠状態にすることが可能だと気づいたのは、実は、読んでいるうちに催眠状態になることを発見する数日前のことでした。けれども両方を体験するまでは、どちらの意義にも気づかなかったのです。

今からお話しする発見は、私がプロの催眠療法士として駆け出しだったころに起こったことです。いえ、駆け出しどころか、料金をもらう初めての患者の初めての予約を、翌日に控えた晩のことでした。友人や同僚にはうまく催眠をかけることができていましたが、実際にその体験にお金を払おうという人に催眠をかけるとなると、自分の能力に少し不安を覚えました。

私は、催眠にかける言葉をすべて覚える自信がありませんでしたので、催眠療法セッションを最初から最後まで、そっくり紙に筆記することにしました。催眠のための会話すべてを書き出したことで、興味深い発見をすることになるとは、このときは思ってもいませんでした。

自分のアパートの心地よいソファに座って、ありふれた大判の黄色い便せんに、セッションで話すことを書き始めました。まずは心地よい漸進(ぜんしん)リラクセーション。患者は最初から目を閉じます。次にかなりシンプルで、なおかつ効果的な催眠誘導に入ります。階段を下りていくところをイメージするものでした。

そのころには、私は自分が書いていることに集中し、すっかり没頭していました。患者の目標に向けた催眠暗示を書き始めながら、気持ちが奮い立つのを感じました。当初、セッションを書くのは難しいことだろうと思っていたのですが、考えが楽に頭に浮かんできます。まるでペンがひとりでに動いて、その考えを紙に書いているかのようでした。

書いている最中、誰かが私の名前を呼ぶのが聞こえたような気がしました。でも私は没頭していたので、ほとんど気にもとめず、注意も払いませんでした。誰だろうと何だろうといい。私は目の前の仕事が楽しくてたまらないのだから。私はそのまま考え、書き続けました。

いくらか時間が過ぎ(どれくらいかは知りません)、また名前を呼ばれた気がしました。今回の声は前より強い調子だったので、私も少しうるさいと感じました。それでも、自分の仕事に集中したまま動こうとしませんでした。患者は次の日の朝七時半に来ることになっていたので、私はこの暗示文を書き上げなくてはならなかったのです。だから一心に考え込み、自分の世界にこもって暗示文を書き続けました。

突然、雷が落ちたような音が聞こえました。同居人がものすごい声で「フォーブズ!」と私の名を叫んだのです。便せんから顔を上げると、彼がソファのすぐそばに眉をつり上げて立っています。彼を見たとき、私は自分の心がどこかほかの場所にあるような、周囲から浮いているような、妙な感覚を覚えました。体のほとんどがリラックスしていて、重い感じがします。

同居人に、何をそんなに夢中になってやっているのかと訊かれて、答えようと必死になってモゴモゴ言っているのに気づきました。私は催眠状態になっていたのです。催眠セッションで話すことを書き出しているうちに、いつのまにか自己催眠にかかっていたのです！

資格のある催眠療法士なら誰でも、この現象は催眠状態の一般的な兆候だと認めるでしょう。私は目をつぶらず、一言も発することなく、その状態に到達していました。本当に驚くべき発見でした。

人は、催眠のための暗示文を書くことによって催眠状態に入り、そのままでいられるのです。

「コンビ」手法

この手法が催眠療法士以外の人にとって、どれだけ価値があるか、私はすぐには気づきませんでした。というのも、このテクニックを正しく活用するには、完全な催眠用暗示文の書き方を詳しく知っていなくてはならないように思えたのです。

数日後、催眠用暗示文を読むことでも催眠状態になることを発見して初めて、二つのテクニックを組み合わせることを思いつきました。同じクイック自己催眠セッションの間に、読むことも書くこともするのです。これが「コンビ」手法です。

私が考案した「コンビ」手法では、まず「書くクイック自己催眠のための誘導文」を読みます（もちろん声に出して）。この誘導文を読んだ人は、読んだあと催眠状態のまま自己改善の暗示文を書くように促されます。暗示文を書き終わったら、標準の「覚醒」を声に出して読んで、セッションは終了になります。

誘導文を読むことで、催眠についての特別な知識がなくても、確実に目を開けたまま催眠状態に入ることができます。催眠のうち文章を書く部分は、暗示の段階に限られています。この間に、ほぼどんな目的でも、それに合う暗示をつくり上げることができます。そして暗示はすぐに潜在意識に吸収されるのです。

書かれた言葉の力

非常に暗示にかかりやすい状態のときに自分で暗示文を書くと、あなたの心は非常に強い影響を受けます。みんなが読み書きできる社会では、自分の考え、願望、そして抱負を書き出すことの影響力が見落とされがちです。けれども書くことには非常に強い力があります。なぜなら、自分の言葉や考えに注意を払う必要があるからです。何を表現しなくてはならないか、注意を集中しなくてはなりません。

ものを読むとき口から発するのは、他人の考えや意見です。たとえ自分の考えと一致していても、それは他人のものです。

一方、ものを書く場合、その源はつねに自分の内側、自分の心から発せられる声なのです。そして書いているときは書いているものを目で見るので、ブーメランに似た効果が生まれるのです。考えを心に反射させ、書かれたものに含まれている考えや暗示を、さらに深く刻みつけます。程度の差はあれ、考えを整理することにもなります。

ふつうの心の状態で書くだけでも効果があります。暗示にかかりやすい状態で書くことは、書いているものの影響力を倍増させます。書いた瞬間にその暗示がページから飛び出して、驚異的な力で心の内側にメッセージを送り返してくるようです。ですから、催眠状態のときにものを書くことの効果を見くびってはいけません。正しく行えば、ほかの形の催眠より即効性があり、その効果は長続きするのです。

治療効果のある暗示文をつくる

クイック自己催眠のコンビ手法は、PART2にある35の暗示文があなたの目標に合わない場合、とくに力を発揮します。既成の暗示文があなたの目標に合っていても、自分の状況や意欲に合わせて修正したい場合もあるでしょう。しかし、「コンビ」手法による催眠法なら、ほぼあらゆる自己改善目標に合う暗示文を書くことができます。

自分には治療効果のある暗示文を書く自信や知識がないと感じるのは、あなただけではありません。精巧な暗示文のつくり方を知るには、この本に載っているプロが書いた35の暗示文の暗示の構造を研究しましょう。数種類の暗示が使われていて、ほとんどの暗示文は一定の構造で書かれています。それを研究してまねすればよいのです。

催眠暗示のつくり方を学ぶ時間や忍耐力がない人のために、次章に簡単で手軽な代案を紹介します。

まとめ

書くクイック自己催眠

- 催眠のための原稿や台本を書いているうちに催眠状態に入り、その状態が続く場合がある。
- クイック自己催眠の読む手法と書く手法を組み合わせると、誰でも簡単に独自の暗示を自分にかけることができる。

7章

オリジナルの暗示文を作成する

ここでは、一人ひとりが自分にぴったりの催眠暗示を、苦労せずに書ける方法を紹介します。空欄を埋める形式の簡単な作成シートなので、あなたに合った「オリジナル暗示文」がつくれます。

150ページの例は、研究してまねるためのものです。あなたは自分の目標に合わせて、サンプルとは違う文を書いてください。ただし、全体の構造は同じにします。

作成シートの役割

この作成シートは、催眠状態のままで効果的な暗示文が書けるように、実際のクイック自己催眠セッション中に使うものです。自分の選んだ目標にぴったりの暗示文作成を助ける、ガイドの役割を果たします。あなたの目標に関連するポジティブな暗示文を書くように導くのです。

まとめ

オリジナルの暗示文を作成する

- 「オリジナル暗示文作成シート」を使うと、催眠状態のまま、治療効果のある暗示をすらすら書ける。
- ほぼあらゆる自己改善目標に使える。

作成シートの埋め方

暗示文を書く段になったら、リラックスして時間をかけましょう。自分の暗示文が完璧かどうかは気にしないこと。意図するところを正確に文章で表現できていないように思えたとしても、あなたの潜在意識はそのねらいをわかっています。この手法を使うとき本当に重要なのは、そのねらいと呼び起こされる心の声なのです。

ここで、作成シートの各質問項目について、どういう暗示文を書くべきかを明確にしておきましょう。

あなたの目標を簡潔に述べてください。

ここでは、自分の目的に注意を集中して、非常に直接的な暗示文を書かなくてはなりません。あなたが変えたい、あるいは達成したいのは何なのか、一つの文を書いてください。クイック自己催眠セッション一回につき、取り組む目標を一つだけ選びます。できるだけ、はっきりした具体的なものにしてください。「幸せになりたい」というようなあいまいな目標や文は避けるようにしましょう。目標が幸せや自信のような感覚的なものの場合は、目標の文の中に、自分が何について幸せになりたいのか、自信をもちたいのかを入れてください。たとえば、「私は仕事をしているとき、幸せで楽観的になりたい」という文にします。

目標を達成したら、生活はどう向上するでしょうか?

このセクションでは、何が欲しいのか、なぜ欲しいのかを真剣に主張します。ここに書かれる催眠暗示は、心の内面をプログラムし直して、決意の力を奮い立たせます。目標を達成することのメリットを表す、簡潔な文をつくってください。気持ちが上向くことを予言する文を入れてもかまいませんが、成功したら実現する、はっきりした具体的な改善点をできるだけたくさん書いてください。各文の中で目標を繰り返しましょう。

目標を達成したとき、どんなことをしている自分が見えますか?

このセクションの暗示は、無意識のうちに具体的なイメージを心の中につくり出し、それが力強い間接的な暗示として働きます。この見出しのあとには、「……している私が見える」で終わる文を書いてください。どの文にも、目標を達成したあかつきに、自分が実際にやっているところを想像できる行動を入れます。できるだけたくさん書きましょう。

目標を達成することで得をしている場面を、いろいろな感覚を働かせて表現してください(現在形を使うこと)。

ここでは、いろいろな感覚を働かせた詳しいイメージを書きますから、とくに効き目の強い暗示になります。目標をすでに達成している場面を詳しく想像して、一つのパラグラフをつくりましょう。できるだけたくさんの感覚を取り入れ、できるだけ細かくそのシーンを表現します。どんなふうに見えるか、どこなのか、いつのことか、どんな音がして、どんな匂いがするか、等々。目標を達成して感じる気持ちも表してください。必ずすべて現在形で書いてください。

どんな行動をするように暗示すれば、目標を達成するのに役立ちますか?

このセクションでつくる文は、後催眠暗示と呼ばれるものです。成功を邪魔するものを克服するのに役立ちます。目標を達成するのに役立つから、やるべきだと思うことを考えてください。そして、それをやりたいという強い願望を示す暗示文を書きます。避けたい、あるいは減らしたい欲求や行動も考えてください。そして、そういう願望や行動が減っているという暗示文を書きます。具体的な文を、できるだけたくさん書きましょう。できるだけ前向きで肯定的な文にします。

サンプル　オリジナル暗示文

あなたの目標を簡潔に述べてください。

私は二〇〇五年九月一二日までに体重を五キロ減らす。

目標を達成したら、生活はどう向上するでしょうか？

体重が五キロ軽くなると、ウエストが細く引き締まる。

五キロ落とすと、もっとほっそりした体になる。

テニスなどのスポーツで、もっとすばやく動けるようになり、五キロぶん細くなる。

体脂肪を五キロなくすと、もっと魅力的に見えるようになる。

目標を達成したとき、どんなことをしている自分が見えますか？

ウエスト八〇センチのズボンをはいている私が見える。

ビーチで堂々と水着を着ている私が見える。

水泳やランニングのような活動を楽しんでいる私が見える。

自信をもってパーティーに出席している私が見える。

テニスコートできびきびと優雅に動いている私が見える。

もっと体にぴったりした服を買っている私が見える。

目標を達成することで得をしている場面を、いろいろな感覚を働かせて表現してください（現在形を使うこと）。

私は六月半ば、ヴァージニア・ビーチの友人を訪ねている。ビーチに着いてすぐ、ビーチタオルの上に座っている。波しぶきを顔に感じるが、夏の太陽が照りつけていて暑い。そこで私は堂々とシャツを脱ぐ。私の体がどれだけ引き締まったか、私がどんなに格好よく見えるか、友人があれこれ言うので、私は五キロやせたのだと告げる。見知らぬ人が、ぜい肉のないたくましい私の体に見とれているのがわかる。一泳ぎしようと立ち上がって海に向かって歩いていき、とてもリラックスした気分で、自分の体に大いに自信を感じながら、冷たい海の中に入る。前よりも身軽で、魅力的なのを感じる。前より五キロやせて、五キロ軽くなった今では、もっと楽に速く泳げるのがわかる。

どんな行動をするように暗示すれば、目標を達成するのに役立ちますか？

私は一日に少なくとも三〇分間は、必ず運動したいと思う。糖分の多い食べ物に対する欲求は弱くなり、日に日に消えていく。食事のときはいつも、半分食べると完全に満腹だと感じる。就寝の二時間前には食べるのをやめる。

覚醒

五まで数えると、私は催眠から覚める。五まで数えた時点で、完全に覚醒し、すっかり目が覚める。一……催眠から目覚め始めている。二……周りのことがわかってくる……満足と安心とゆとりを感じる。三……この催眠セッションの成果が楽しみだ。四……ものすごくいい気持ち。五……五……五……さあ、すっかり目が覚めて、完全に意識がはっきりしている。

8章 オリジナルのクイック自己催眠

本章では、書く催眠と読む催眠を一定の順序で組み合わせることによって、どんな自己改善目標にでもぴったり合う、クイック自己催眠セッションをつくり上げる方法をお教えしましょう。

必要なものは154ページの「書くクイック自己催眠のための誘導文」と、158ページの「オリジナル暗示文作成シート」です（コピーをとっておいてもいいでしょう）。

コンビ手法の使い方

読み書きクイック自己催眠法を利用するには、次のステップに従ってください。

1 一回のセッションで取り組む目標を一つだけ選びます。

2 二〇分くらい邪魔されることのない、静かな場所を見つけます。

3 セッションをスタートします。まず、154ページにある「書くクイック自己催眠のための誘導文」を声に出して読みます。「共通誘導文」のときと同じ読み方をしてください。

4 誘導が終わったら催眠状態のまま、「オリジナル暗示文作成シート」のページをめくります（コピーをとっておいてもいいでしょう。また、作成シートを何枚もコピーしておけば、いくつもオリジナル暗示文をつくることができます）。

5　「オリジナル暗示文作成シート」の指示どおりに、暗示を書いてください。

6　オリジナルの暗示文を書き終わったら、「覚醒」を読んでセッションを終了します。

オリジナル暗示文でのクイック自己催眠

オリジナル暗示文で満足のいく成果を上げるには、多くの場合、二週間毎日繰り返す必要があるでしょう。このときは、同じ目標のための暗示文をまた書く必要はありません。特定の目標のための暗示文を一度書いてしまえば、記入済みの作成シートが暗示文になり、繰り返し使うことができます。

オリジナルのクイック自己催眠を繰り返すには、次のステップに従ってください。

ステップ

1　繰り返したい催眠暗示に対応する「オリジナル暗示文」を用意します（コピーしておいてもいいでしょう）。

2　セッションをスタートします。まず、60ページにある「共通誘導文」を声に出して読みます。

3　オリジナル暗示文に書いたとおりに、すべて声に出して読みます。質問を読む必要はありません。たとえば、「あなたの目標を簡潔に述べてください」と声に出して読む必要はありません。

4　いつものとおり、「覚醒」を読んでセッションを終了します。

書くクイック自己催眠のための誘導文
（声に出して読んでください）

　ほかには誰もいない。楽な気持ちになって、ゆっくり静かに声に出し、心と体を自分の声で落ち着かせよう。まるですべてがスローモーションで動いているように、体の動きが**鈍く**なってくる。言葉を読むたびに、口から音を発するたびに、私は**もっとリラックスして**、安らかな気持ちになる。私の心は刻一刻、ひっそりと静まりかえった山の湖の水面のように**澄みわたって**いく。

　心が澄みわたったら、本を読んでいる間**もっと深くリラックスする**ように、想像力を働かせよう。美しい砂浜でゆったりした椅子に座っているところを思い浮かべよう。目の端に、周囲の金色に輝く砂が見える……それから打ち寄せる波。その優しくリズミカルな音が聞こえる。

　湿った海風が体をそっとなでていく。肌に暖かい太陽の光が注いでいる。その輝きを頭皮に感じて、そこにある余分な緊張が消えていく。すべての思考が**静まっていく**ようだ。こうして太陽の暖かさを顔に感じ、その暖かさに注意を集中していると……頬にも感じる……耳にも感じる……そしてあごの周りにも。

　癒し（いや）の光が首をなで、喉（のど）を温めてくれるから、言葉が口から楽にすらすらと流れ出てくる。まるでたくさんの小さな光の指が、リラックスしている私の肩や背中をマッサージしているみたいだ。温もりと安らぎの波が滝のように落ちていく……腕へ、そして指先へ。

　ゆっくり息を吸って吐くと、この安らかな気持ちが胸いっぱいに広がるのを感じる（ゆっくり息を吸って、吐いて）。もう一度ゆっくり息を吸って、**吐き出す**と（もう一度深呼吸する）、黄金色の輝きがみぞおちにあふれ……そして、静かで**とても平和な**気持ちが、お腹のあたり全体に満ちるのを感じる。

心の中で、自分の腰と骨盤とお尻をよく見て……そしてそこにある緊張や不安をすべて、一筋の光に優しく洗い流してもらおう。それから今度は脚……太陽の光がなだれ落ちていくので、まばゆいばかりに輝いている。腿（もも）から足首にかけて、とてもリラックスしているのを感じる。足首から先、指先まで、**温かく**気持ちがいい……こんなに温かくて気持ちがいい。

輝く太陽の光を浴びながら、自分を催眠に誘う準備として、目を閉じるところを想像しよう。ゆっくり三回、深呼吸する（三回深呼吸する）。閉じたまぶたを通して、オレンジ色の輝きがちらっと見える。でも、もうその光は消えて心地よい暗闇になっていき、私は意識を内側に向ける……**内側へ**……心の**中心**へ。

思い浮かべよう。私はよく知っている近代的な高層ビルに近づいている。回転ドアを抜けて、立派なロビーに入る。ビルの中では、武器を持った屈強な警備員が、ビルを侵入者から守っている。警備員は冷たい目でこちらを見るけれど、私がビルのオーナーだと気づく。警備員は私のために働いているのだ。私は警備員に向かって満足そうにうなずき、エレベーターに向かう。

エレベーターの扉の表面は鏡のようで、そこに私の姿が映っている。ゆとりがあって堂々としている。下向きの矢印を押すと、エレベーターの扉が開く。**とても安心した気持ちで**、私は広々とした豪華なエレベーターに乗り込む。そして階数を示すボタンが並んだパネルのほうを向く。私が10を押すと、ボタンが点灯してエレベーターの扉が閉まる。長く深いエレベーターシャフトを、エレベーターはなめらかに降りていく……静かに低くブーンという音を立てながら。

私は、扉の上に点灯している数字が変わっていくのを見つめる。それぞれの数字は、その階をエレベーターが通過している、わずかな間だけ点灯する。

数字が増えていく……一つ、また一つ……私は自分自身の内側にある、すばらしい場所に下りていくのだ……表面のずっと下へと。

1……私が数字を見ている間にエレベーターは下りていく……数が増えるたびにどんどん深く。

2……この大きな建物の地下**深く**へ下りていく……地下深くへと。

3……数が10になるまでに、私は催眠状態になるだろう。

4……催眠状態になっても目を開いている……目を開いたまま、私のためになる暗示を読む。

5……下りていくのが感じられる……スムーズに……楽に。

6……まだ扉の上の数字が変わるのを見ている……一つずつ変わる。

7……**もっと深く**下りていく……今、安らかなリラックスした気持ちになった。

8……私は安全……穏やかな気持ち……下りていく……**下へ**……**もっと**深く。

9……さあ、目を開けたまま、催眠状態に入っていこう。

10……目的地に着いたので、エレベーターはすっと止まる。

扉が開き、私は居心地のよさそうな読書室に入る。暖炉では丸太がパチパチ音を立てて明るく燃えている。この小部屋に入ってきた私を歓迎しているみたいだ。とても座り心地がよさそうな椅子がある。私は近づいて腰を下ろす。そして椅子の脇の小さなテーブルの上の本を手に取る。本の表紙に目をやると、『クイック自己催眠』と書いてある。私は本を開いて読み始める。言葉が直接私に語りかけてくる。まるでページから私の心に飛び込んでくるようだ。そこにはこう書いてある。

「あなたは今、目を開けたまま催眠状態になっています。自己改善のためのすばらしい暗示文を書く間、催眠状態のままです。あなたの心は、このセッションの目標に集中し始めます。心の中で楽につくり上げる暗示文は、まるでペンがあなたの集中した心の延長でもあるかのように、ペンから紙の上に流れ出します。あなたは自分がすばらしい暗示文をつくると信じています。暗示文を書くたびに、それがあなたの心の中にしっかりと根をはり、すぐに効き目を表します。あなたは、この形式のクイック自己催眠がとても効果的で使いやすいとわかるでしょう」

(ここで、未記入の「オリジナル暗示文作成シート」を出してください)

オリジナル暗示文作成シート

あなたの目標を簡潔に述べてください。

目標を達成したら、
生活はどう向上するでしょうか？

目標を達成したとき、
どんなことをしている自分が見えますか？

目標を達成することで得をしている場面を、いろいろな感覚を働かせて表現してください（現在形を使うこと）。

………………………………
………………………………
………………………………
………………………………
………………………………
………………………………
………………………………
………………………………
………………………………
………………………………
………………………………
………………………………
………………………………
………………………………
………………………………
………………………………
………………………………

どんな行動をするように暗示すれば、目標を達成するのに役立ちますか？

………………………………
………………………………
………………………………
………………………………
………………………………
………………………………
………………………………

覚醒

五まで数えると、私は催眠から覚める。五まで数えた時点で、完全に覚醒し、すっかり目が覚める。一……催眠から目覚め始めている。二……周りのことがわかってくる……満足と安心とゆとりを感じる。三……この催眠セッションの成果が楽しみだ。四……ものすごくいい気持ち。五……五……五……さあ、すっかり目が覚めて、完全に意識がはっきりしている。

9章 クイック自己催眠を成功させるために

クイック自己催眠とは何か、その手法がどう機能するかがわかったところで、これまでに取り上げていない興味深い話題を二、三お話ししましょう。また本章では、重要な細かい点をいくつかお話ししたうえで、よくある質問にもお答えしましょう。

確実に成功するには

どんな催眠にとっても、いちばん重要なのは参加者の意欲です。クイック自己催眠は、自分で欲しいと言っているものが本当に欲しいのなら、それを早く楽に手に入れるのに役立ちます。当たり前の話に聞こえるのは、誰だって欲しいと言っているものが欲しいに決まっていると思っているからです。けれども人は時として、夫や妻、両親、あるいは医者に、欲しがるべきだと言われるから欲しがるものなのです。

クイック自己催眠の即効性を高め、その効果を長続きさせるには、あなたが、あなた自身が、やる気にならなくてはなりません。

クイック自己催眠を成功させるために必要なものがあと二つあります。それは信念と期待です。必ず目標を達成できると信じなくてはなりません。そしてセッションの成果を期待しなくてはなりません。催眠とは何か、クイック自己催眠が目標達成のための手段として有効なのはなぜか、私の説明をわかってもらえたのなら、あなたはクイック自己催眠がうまくいくと信じて当然なのです。

この場合、あなたの信念は事実に基づく知識の上に築かれているわけで、その信念によってあなたは成果を期待するはずです。これまで大勢の人たちが、催眠を使って自分の人生を変えてきました。そして今、その力をあなたは自由に使えるのです。ですから、すばらしい成果を期待できないはずがありません。

欠点や限界もある

クイック自己催眠は効果のある確かな自己催眠法ですが、限界がないわけではありません。

退行や追体験には効果がない

目を開けたままの手法は、ほとんどの自己改善目標にずば抜けた効果がありますが、退行や追体験に有効な技法ではありません。退行とは、過去に起きた出来事（あるいは一連の出来事）を鮮明に思い出すことであり、クイック自己催眠セッションでこれを引き起こすのは困難です。同様に、過去の出来事をよみがえらせる追体験は、どんなタイプであれ自己催眠ではなかなか起こりません。これは自己催眠による催眠の深さに限界があるからかもしれません し、目を開けたままだと心の中に浮かぶイメージを観察するのが難しいからかもしれません。

プライバシーが必要

すでに学んだとおり、クイック自己催眠には従来の自己催眠よりもよいところがいくつかありますが、プライバシーが必要なことは確かです。しかし、声に出して読んでいても邪魔が入らない、あるいは聞かれて恥ずかしい思いをする恐れのない、自分だけの時間と場所を見つけるのが難しいという人もいます。そういう人たちには、静かに目を閉じて行う自己催眠のほうが合っているかもしれません。

でも家でなら、自分が何をしているかを家族に知らせることで、この問題を楽に解決できます。一五分から二〇分間、独りになる必要があること、そして自己改善法のために声に出して読む必要があることを、家族に教えましょう。意外に家族は、あなたのしていることに興味をもつかもしれません。それどころかクイック自己催眠を試したがるかもしれません。

深さが十分でない

クイック自己催眠による催眠の深さが問題にされることがあります。何にでも反対する人なら、この手法は催眠状態の深さに限界があって、従来の自己催眠のほうが被験者をもっと深い催眠に導くことができる、と異議を唱えるかもしれません。本当のところ、どんな誘導法を使おうが、催眠状態の深さを測るのは難しい場合が多いのです。

定評のある催眠深度スケールで「中」の催眠状態に到達したことを示す現象を、クイック自己催眠のセッション中に報告する人は大勢います（私自身も含めて）。

催眠の一部は技能であることも忘れてはなりません。ですから、クイック自己催眠の技法を利用すればするほど、深い催眠状態に入るようになっていきます。催眠状態の深さより、催眠状態になる人の意欲のほうが重要だということも、心にとめておいてください。

痛みの治療には使えない

気づいた人もいるかもしれませんが、この本には体の痛みを和らげるための暗示文は一つもありません。これにはもっともな理由があるのです。クイック自己催眠だけでなく、ほかのどんな種類の催眠も、医師の診察を一度も受けずに、体の痛みを治すために使ってはいけません！　痛みは体のどこかがおかしいという兆候です。催眠は原因を治療せずに、痛みだけを（あまりにも効果的に）覆い隠すことができるので、先々やっかいなことになりかねないのです。ですから用心しなくてはなりません。

慢性でも急性でも、痛みについては必ず医師に相談して、自己催眠（またはどんな形にせよ自己療法）が自分の症状に適しているかどうか訊いてください。

よくある質問

一つの目標のためにクイック自己催眠を何回実行するべきですか?

満足のいく成果が上がるまで、(目標ごとに)一日一回クイック自己催眠を繰り返してください。一回のセッションですばらしい成果がみられることもあれば、目標達成には何回もセッションを重ねなくてはならないこともあります。

数回セッションを繰り返しても成果が上がらない場合はどうすればいいでしょう?

少なくとも七回クイック自己催眠を繰り返して、それでも成果がまったくみられない場合は、自分の使っている暗示文が本当に目標に合っているかを確認してください。目標をもっと小さなものに切り分けられるかどうかも考えてみましょう。目標が大きすぎると、あなたの潜在意識は暗示文にどう対処していいかわからなくなったり、混乱したりするかもしれません。

もっと小さい目標に分けられる場合、次回のセッションでは小さくした目標のうちの一番目を中心にしましょう。最初の目標がうまく達成できたら、二番目に移り、それがうまくいったら次に、というようにやっていきます。

クイック自己催眠を行うのにベストな時間はいつですか?

クイック自己催眠を行うのにベストなのは朝起きてすぐ、コーヒーや朝食をとる前がいいでしょう。その次にいいのは、夜、就寝する直前です。たっぷりの食事の後や、カフェイン入りの飲み物を飲んだあとは避けてください。

催眠暗示とアファメーション（肯定的宣言）は同じものでしょうか？

最近、心身の自助療法としてアファメーションが一般的になっています。これはみんなのためになるとてもよい傾向です。しかしアファメーションと催眠暗示には違うところもあります。すべてのアファメーションは心の内面に対する暗示であり、とくにリラックスして瞑想にふける心の状態で行う場合は、形式も機能も催眠暗示に非常によく似ています。けれどもたいていのアファメーションは、全般的な健康、繁栄、幸福というような漠然とした状態を目標にしています。クイック自己催眠で用いられる催眠暗示は、一つ、または一連の行動を一気に変えようと、非常に具体的な範囲の変化や目標をねらったものです。

さらに、ふつうアファメーションはすべて現在形の文で表現されますが、催眠暗示には未来形が使われることもあります。特定の時間の行動を変えるのに使うことができるのです。この違いをはっきりさせたうえで、クイック自己催眠にちょっと手を加え、アファメーションを効果的に利用することができます。

すべての暗示文を現在形にしなくてはならないのですか？

いいえ。すべての催眠暗示を現在形で表現することは重要ではありません。それどころか私の経験からいえば、そうすることが裏目に出る恐れもあります。心が暗示をすべて拒否することにさえなりかねないのです。心の内面は、穏やかに、上手に扱わなくてはなりません。いちばんいいのは「オリジナルな暗示文作成シート」の例に従うことです。さまざまな暗示文が入っていて、現在形のものもあれば、未来に向けたものもあります。

セッションを録音し、それを再生してもいいですか?

はい。セッションをテープに録音して、それを自己催眠の道具として聞いてもかまいません。ただしこの手法はクイック自己催眠ではありません。催眠テープを聞くのは、一般に普及している催眠や自己催眠の手法です。自分自身の声を聞くのはとても効果的かもしれません。

しかしすでにおわかりのように、従来の手法には落とし穴があります。たとえば、録音したものを聞いている間に眠ってしまうかもしれません。私にも何度も経験があります。録音テープを聞くほうが、クイック自己催眠手法を使うより、〝努力〟はずっと少なくてすみます。しかし、クイック自己催眠で得られる利益には、時間とエネルギーを費やすだけの価値があります。

セッションの最中やあとに、催眠状態になっていると感じない場合はどうすればいいでしょう?

一〇回以上セッションを繰り返しても、催眠状態を感じないかもしれませんが、その感覚は重要ではありません。催眠はとても自然な状態で、気づかないうちに何度もその状態になっているものです。

目標達成の成果が出れば、努力が実を結んだとわかります。もうタバコが欲しくない、とうとう楽に体重が減っている、そう気づいたとき、それはクイック自己催眠が成功したからだとわかります。自分で実践するもの、そうでないもの、どんな形の療法にせよ、本当に効果を納得させられるのは結果なのです。

「オリジナル暗示文作成シート」を使わずに、自分で暗示文を書いてもいいでしょうか?

はい、自分で暗示文を書くことはできます。作成シートは物事を簡単にするためのものであって、あなたを縛るためのものではありません。効果的な催眠暗示文の書き方がわかったら、自由にそうしてかまいません。部分的にクイック自己催眠の手法を利用して、作成シートを使う代わりに、自分独自の暗示文を書いて（または読んで）ください。

すべてはあなたしだい

ここまで読めば、なぜクイック自己催眠は自己改善、能力開発の分野の新境地を開く革命なのか、その理由は理解できたはずです。クイック自己催眠は、人生を変えるための強力で即効性のある使いやすい手法であり、それを実践するかどうかを決めるのはあなたです。

どんなに簡単で効果的な自己改善法も、あなたがそれを使おうと決意しなければ機能しません。最後の決断を下すのは、あなたです。

訳者略歴

大田直子（おおた・なおこ）

東京大学文学部社会心理学科卒。電機メーカー勤務を経て、ノンフィクション・ビジネス書・実用書を中心とする翻訳に携わる。訳書に『ウォルマートがアメリカをそして世界を破壊する』（成甲書房）、『夢をみる作家たち』（共訳、バベルプレス）など。

願(ねが)いがかなうクイック自己催眠(じこさいみん)

2004年11月19日　初版第1刷発行
2008年9月10日　初版第8刷発行

著　者 —— フォーブズ・R・ブレア
訳　者 —— 大田直子
発行者 —— 栗原幹夫
発行所 —— KKベストセラーズ
〒170-8457　東京都豊島区南大塚2-29-7
電話(03)5976-9121(代表)　振替00180-6-103083
http://www.kk-bestsellers.com/
装　幀 —— 斉藤よしのぶ
D T P —— ユーホー・クリエイト
印刷所 —— 近代美術
製本所 —— 明泉堂
ISBN978-4-584-18838-5　C0077